EDIÇÕES VIVA LIVROS

O poder de realização da Cabala

Ian Mecler é professor da Cabala, uma escola de pensamento e método esotérico considerada por seus praticantes uma das sabedorias milenares do mundo. Um dos maiores estudiosos brasileiros do assunto, Mecler é o fundador e atual diretor do Portal da Cabala, instituição que ajuda milhares de pessoas a encontrar um caminho luminoso para suas vidas. Escreve de forma leve, direta e descontraída, mesmo sobre os assuntos mais profundos. Isto porque, de acordo com ele, "as palavras só provocam um efeito de transformação quando atingem o coração do leitor".

IAN MECLER

O PODER DE REALIZAÇÃO DA CABALA

3ª edição

RIO DE JANEIRO – 2017

CIP-BRASIL. CATALOGAÇÃO NA FONTE
SINDICATO NACIONAL DOS EDITORES DE LIVROS, RJ

M435p Mecler, Ian, 1967-
3ª ed. O poder de realização da Cabala / Ian Mecler. - 3ª ed. - Rio de Janeiro: Viva Livros, 2017.
12 × 18 cm.

ISBN 978-85-8103-093-7

1. Cabala. 2. Felicidade - Aspectos religiosos. 3. Meditação. I. Título.

14-18790 CDD: 296.16
CDU: 296.65

O poder de realização da Cabala, de autoria de Ian Mecler.
Título número 087 da Coleção Viva Livros.
Terceira edição impressa em setembro de 2017.
Texto revisado conforme o Acordo Ortográfico da Língua Portuguesa.

www.vivalivros.com.br

Design de capa: Carolina Vaz a partir da capa publicada originalmente pela Editora Record (Miriam Lerner, Rio de Janeiro, 2011).

Nota do editor: Esta edição de bolso difere da edição em formato convencional publicada pela Editora Record por não incluir o DVD com meditações e práticas.

Direitos exclusivos de publicação em língua portuguesa para o Brasil em formato bolso adquiridos pela Editora Best Seller Ltda. Rua Argentina 171 – 20921-380 – Rio de Janeiro, RJ – Tel.: (21) 2585-2000.

Impresso no Brasil

ISBN 978-85-8103-093-7

Dedico este livro a você!

Agradecimentos

Para escrever este livro muitas pessoas foram fundamentais.

Minha mulher, Elizabeth, e nossos filhos, Davi e Jordana. Todos essenciais em minha vida.

Meus pais, Abrahão e Rosinha, e minha irmã, Kátia, que sempre me incentivaram a buscar algo mais.

Muitos são os amigos e familiares a quem gostaria de agradecer. Como não há espaço para citar todos, relaciono apenas aqueles que tiveram contato com a obra e fizeram importantes críticas e sugestões: Mário Meir, Hélio Levcovitz, Regina Brauer, Luiza Brito, Tania Cristina Barbosa, Marcelo Vasques, Octávio Guimarães, Guilherme Silva, Cristiane Almeida, Paul Christoph, Lylian Monteiro, Sonia Sender, Patrícia Vieira, Marcos Oliveira, José Mourão Filho, Sheila Kaplan, Silvia Vieira, Célia Resende, Roni Lima e Isabel Mauad. Em especial, a toda a equipe Record, por sua competência em transformar sonhos em realidade e pela confiança depositada em meu trabalho.

Finalmente, gostaria de agradecer a você, leitor, que, se tiver um resultado prático para sua vida com a leitura deste livro, me presenteia com o único retorno que espero desta obra.

Sumário

Prefácio 11
Motivação 13
Introdução 15

PARTE 1 – QUEM ESCREVE NOSSA HISTÓRIA 17

O que abrange esta sabedoria 19
O mundo dos 10 por cento × O mundo dos 100 por cento 21
A ilusão do mundo físico aparente 23
O desejo 24
O big bang da criação 27
Nossa natureza receptora 29
Começando a meditar 31
Como meditar nos 72 nomes de Deus 33
O mestre do Zohar: Simeon Bar Yochai 35

PARTE 2 – ONDE ESTÁ O INIMIGO? 37

A teoria das sementes 39
O opositor 42
O comportamento reativo 45
O comportamento contemplativo 49
O poder das palavras 51
O mestre das palavras: Isaac Luria 54

Parte 3 – Mundo dos 10 por cento × Mundo dos 100 por cento 55

Como funciona o mundo dos 100 por cento 57
Os três pilares 62
Os quatro mundos 64
Os cinco níveis de alma 67
As dez dimensões do mundo dos 100 por cento 69
Quanto maior o obstáculo, maior a luz recebida 81
O mestre da integridade: Moses Luzzatto 85

Parte 4 – Transcendendo a mente 87

Meditações cabalísticas 89
O mestre da meditação: Abraham Abulafia 100

Parte 5 – Poder de realização da Cabala 101

A liberdade 103
Transpondo os maiores obstáculos 107
A realização de uma vida significativa 111
O mestre da celebração: Baal Shem Tov 114

Considerações Finais 115
Apêndice 1 – Astrologia cabalística 117
Apêndice 2 – Numerologia 137
Apêndice 3 – Os 72 nomes de Deus 143
Bibliografia 153

Prefácio

Quando lancei *O poder de realização da Cabala*, em 2006, jamais poderia imaginar o impacto que este livro causaria, em especial às pessoas interessadas no autoaprimoramento espiritual. Lembro que na época nenhuma editora aceitava o livro, e diante de tantas negativas foi necessária uma força extra para seguir adiante com o projeto.

Até que a editora Mauad se interessou pela ideia, e quando lançamos o livro decidimos fazer 3 mil exemplares, ainda que um pouco receosos de não haver público suficiente para ele. Então veio a surpresa: em apenas três meses era necessário imprimir mais 3 mil exemplares. Após seis meses, mais 3 mil. E assim por diante.

Perdi a conta do número de e-mails que recebi de pessoas que diziam ter suas vidas transformadas pelo conteúdo e pela prática do livro. E não há nada que motive mais do que esse retorno dos leitores. Movido por esse incentivo, comecei a publicar novos livros.

O fato é que, de forma inesperada, como são as melhores coisas em nossa vida, sem expectativas, o livro acabou se tornando uma referência em Cabala no Brasil e em outros lugares do mundo também, onde ele começa agora a chegar.

Alguns anos se passaram e a editora Record, que hoje é para mim como uma família, pediu-me para fazer também este livro, o que prontamente aceitei. E assim planejamos um relançamento, com nova capa, novas atualizações, e pensamos: de que forma poderíamos trazer algo realmente novo e que fizesse diferença na vida das pessoas?

A resposta veio em uma única palavra: prática. Os leitores em geral gostam muito dos ensinamentos deste e de outros livros, mas há sempre a dificuldade de transformar o aprendizado em prática.

Enfim, vamos ao nosso livro. Que ele traga enorme luz para a sua vida, agora!

IAN MECLER

Motivação

Enquanto vivemos estamos sempre fazendo escolhas. A principal delas é a maneira pela qual encaramos a vida. Escolheremos ser como um número, como mais um boi em uma imensa boiada? Ou escolheremos viver uma jornada única e especial?

Este livro vem falar desta segunda possibilidade. Podemos ampliar nossos sonhos e, mais ainda, podemos concretizá-los. Estamos vivos para nos realizar integralmente, em todos os aspectos de nossa vida, e também para conhecer os grandes mistérios da existência.

Os ensinamentos contidos nestas páginas precisam ser experimentados. Leve-os para a prática e tenha certeza de que muita coisa em sua vida irá mudar. Há um novo nível de consciência disponível, e ao receber e compartilhar esses ensinamentos despertaremos muitas pessoas para uma nova possibilidade de se viver.

Introdução

Existe uma sabedoria de milhares de anos que explica grandes mistérios do universo. Que responde às nossas perguntas mais profundas, tais como: quem somos nós? Por que nascemos e morremos? Qual o propósito de nossa existência?

Essa sabedoria revela um sistema para vivermos de maneira muito mais plena e com muito menos insatisfações.

Ela ficou oculta por milhares de anos, restrita a um reduzido número de sábios. No entanto, foram preservados textos fundamentais, que descreveram com muita precisão o momento em que vivemos hoje. E apontam para este mesmo momento o início da difusão desse incrível acervo de conhecimento.

O nome dessa sabedoria é CABALA.

A partir de sua existência, surge então uma pergunta primordial: como todo esse aprendizado pode influenciar de maneira prática o nosso dia a dia e trazer realização e alegria para nossas vidas?

É essa resposta que obteremos no decorrer da leitura. No entanto, saiba que este é um texto prático. Os ensinamentos aqui contidos precisam ser experimentados. Não é necessário que você "acredite" em nada do que está escrito. Você precisa experimentar e verificar por si mesmo o quão impactante é essa sabedoria.

Parte 1

Quem escreve nossa história

א

O desejo é o que nos move.

O desejo é a nossa essência, o que nos move e nos mantém vivos. Existem muitos tipos de desejos: desejo de amar, de ser amado, de viver com conforto, de saúde, de segurança e de liberdade. Todos eles têm em comum a busca pela plenitude.

O que abrange esta sabedoria

A sabedoria da Cabala é fundamentada em três livros sagrados que contêm todos os segredos dos mistérios do universo e que, uma vez compreendidos, nos direcionam à realização de uma vida muito significativa. São eles:

- a **Torá** – o Antigo Testamento da Bíblia, também denominada "Os cinco livros de Moisés", o mais codificado de todos os textos;
- o **Zohar** – que antecipou em muitos séculos importantes descobertas da ciência;
- o **Sefer Ietsirá** – um pequeno pergaminho repleto de fórmulas sobre o funcionamento do universo, considerado também o mais antigo livro de astrologia da humanidade.

Esta sabedoria denominada Cabala envolve absolutamente tudo. Primeiramente ela exige de nós uma nova postura em relação à vida, pois, como diziam os antigos mestres, experimentar as poderosas meditações cabalísticas sem um compromisso ético é o mesmo que voar sem asas. É necessário, portanto, que façamos uma escolha. Se a profunda realização pessoal é uma prioridade, precisamos nos dedicar a ela.

E as ferramentas disponíveis para que possamos estar sempre lembrando de nós mesmos são muitas. Fendas no tempo, rituais, meditações, conexões diárias, enfim, tudo para que os dias não se tornem repetitivos, uns iguais aos outros. Precisamos lembrar que todo dia pode ser um marco, uma oportunidade de começarmos uma nova etapa em nossas vidas.

O que descobriremos de agora em diante será como transformar toda uma série de ensinamentos milenares em um guia prático para nossa realização pessoal e coletiva.

O mundo dos 10 por cento × O mundo dos 100 por cento

Segundo os antigos cabalistas existe uma substância primordial e infinita, denominada LUZ, que é a origem e satisfação de todos os nossos desejos. O desejo de receber essa luz é a nossa essência e o que nos mantém vivos.

Mas se temos disponível uma infinita fonte de luz e nossa essência é o desejo de recebê-la, haveria uma explicação para o fato de tantas pessoas passarem a vida repletas de escuridão e sombra?

Há uma explicação, já que pelo longo caminho extrafísico pelo qual a luz se propaga, desde sua emanação até chegar aqui em nós, existem dez diferentes cortinas. O mundo físico, dos 10 por cento aparentes, no qual vivemos, se encontra após a décima cortina e é, portanto, de onde se tem menor visão da totalidade. Por ficar delimitado por uma cortina, passamos a achar que ele é tudo que existe.

Quando surgem os obstáculos em nossa vida, normalmente os enxergamos apenas pela ótica mais aparente. Desta forma estamos vendo apenas a ponta de todo o processo. E fica muito difícil resolver uma situação enxergando, no máximo, um décimo de sua totalidade. Surgem então aqueles inúmeros problemas sem solução:

- Minha crise financeira não tem mais saída.
- Minha vida não tem um propósito.

- Sou pouco reconhecido em tudo que faço.
- Nunca tive sucesso em minha vida afetiva.
- Estou sempre com uma doença diferente.

Todos estes impasses, situações aparentemente sem solução a que assistimos com frequência em nosso cotidiano, são visões fragmentadas da realidade, de quem enxerga apenas o mundo dos 10 por cento.

Quando passamos a enxergar o mundo dos 100 por cento, nossa visão se amplia em dez vezes e passamos a identificar um tesouro em cada obstáculo com que nos deparamos. Algo essencial para o nosso crescimento, pois vendo além da simples aparência é possível entender uma dinâmica muito mais profunda relacionada a tudo aquilo que se apresenta em nosso caminho.

Afinal, quantas coisas já não nos aconteceram que, a princípio, julgávamos como ruins e depois acabamos gratificados pelo engrandecimento que nos proporcionaram?

A ilusão do mundo físico aparente

Vamos experimentar um breve exercício? Coloque em um pedaço de papel as quatro principais coisas que você deseja da vida.

Colocou?

Pois então, é muito provável que nenhum dos itens anotados seja um desejo material. Provavelmente você escreveu palavras como felicidade, prosperidade, saúde, segurança, amor, paz de espírito ou liberdade.

A importante revelação por trás deste exercício é que tudo aquilo que mais desejamos na vida não são coisas materiais. Por que então dedicar toda uma vida a algo que não é prioritário?

A Cabala nos mostra que tudo aquilo que acontece no mundo físico tem origem no mundo espiritual. Por isso, não conseguimos resolver nossos problemas utilizando somente os recursos aparentes do mundo físico.

Esse mundo físico em que habitamos funciona apenas como um reflexo, um espelho do mundo espiritual, e você não conseguirá modificar sua imagem modificando o espelho.

O trabalho de autoconhecimento começa, portanto, na percepção daquilo que os antigos cabalistas chamam de força propulsora do universo: o desejo.

O desejo

O desejo é a nossa essência, o que nos move e nos mantém vivos. Existem muitos tipos de desejos: desejo de amar, de ser amado, de viver com conforto, de saúde, de segurança e de liberdade. E todos eles têm em comum a busca ininterrupta pela plenitude.

Todos nós já tivemos momentos de plenitude, e uma vez alcançada não mais nos esquecemos dela. Diferentemente do prazer, que por maior que seja é temporário e muitas vezes vem seguido de frustração, a plenitude nos recarrega e nos move em direção à luz.

Nosso desejo primordial, aquilo que nos mantém vivos, é o desejo de receber. Diferentemente de caminhos que apontam para a necessidade de se viver apenas para compartilhar, o cabalista não considera o desejo de receber nenhum impeditivo para a felicidade. Até porque você precisa ter algo para compartilhar, não é mesmo? Caso contrário você irá compartilhar apenas suas carências, e imagine o que uma pessoa repleta de dúvidas e insatisfações irá compartilhar com os outros?

A grande questão é: no que resultará esse desejo de receber? Existem apenas dois desdobramentos para ele:

- O desejo de receber para compartilhar – esse é o propósito final para tudo que desejamos receber. O que traz equilíbrio e saúde para todos os aspectos de nossa existência.
- O desejo de receber só para si – imagine um equipamento de som. O equipamento recebe energia elétrica da tomada e gera som, que sai por suas caixas. O que irá acontecer se

ele continuar a receber carga elétrica e não transformá-la em som? Certamente entrará em curto-circuito. Quando desejamos receber só para nós mesmos, mas não queremos compartilhar o que recebemos, também entramos em curto-circuito, e passamos a não receber mais nada.

Veja então que existe uma grande diferença entre esses dois tipos de desejo: o de receber para compartilhar e o de receber só para si. No primeiro, você comprou um carro novo e quer desfrutar de seu uso com a família e com os amigos. No segundo, você comprou o carro novo mas não consegue desfrutá-lo nem um pouco, já que seu vizinho comprou um da mesma marca, mas um modelo acima. Em outras palavras, ninguém mais pode ser tão bom quanto você.

O homem mais rico do mundo atualmente aplica muito claramente o conceito de receber para compartilhar em seus negócios. Recebe bilhões de dólares anualmente e com esse dinheiro gera milhares de empregos, além de fazer doações substanciais. E sua empresa continua crescendo.

Mas é claro que você pode argumentar que conhece uma pessoa muito avarenta, que quer absolutamente tudo só para si, e ainda assim continua enriquecendo. Bem, pode ter certeza de que em outros aspectos da vida dela há um enorme movimento de falência. Provavelmente há uma grande desestruturação em sua área afetiva, na relação com os filhos, ou em sua saúde física e mental. Essa pessoa está sempre carregando uma grande sombra ao seu redor.

O desejo de receber apenas para si é realmente uma doença. Algo que só coloca nossa vida para baixo, e por isso temos que combatê-lo a qualquer custo. Pessoas com muito desejo de receber só para si podem, às vezes, ser ricas, bonitas, famosas, mas estão sempre infelizes, doentes, isoladas.

Sabe aquele ótimo aluno, que está sempre comparando suas notas com as dos colegas, torcendo para que a dele seja a melhor? Ele pode até continuar sendo um ótimo aluno, mas se isola gradativamente. Assim como o gerente que vive subestimando seus subordinados de forma a parecer que foi ele quem fez tudo, um dia acaba desempregado ou doente.

A Cabala nos ensina, portanto, que o único propósito para tudo o que recebemos é o de compartilhar. E é exatamente no equilíbrio dessas duas energias primordiais, desejo de receber e desejo de compartilhar, que vamos reencontrar a plenitude que tanto procuramos.

O big bang da criação

O Zohar, manual de vida essencial do cabalista, descreve que antes de tudo existir havia somente uma substância primordial denominada luz. Ela preenchia tudo, de forma que ainda não havia os conceitos de espaço e tempo. E tudo que essa luz preenchia era conhecido como receptor.

Esse receptor recebia a luz do mundo infinito e também todas as suas características, como um filho que herda as características genéticas de seus pais. Assim como nós recebemos do sol o seu calor e sua energia vital, esse receptor herdou a principal característica do emanador: o desejo de compartilhar.

Mas com quem o receptor poderia compartilhar? Ele não desejava mais receber essa luz de forma passiva. Precisava obter a luz por seu próprio mérito. Assim como o menino que recebeu tudo de seus pais em sua infância, mas que agora está crescido e precisa realizar-se através de seu próprio esforço.

Então, há bilhões de anos o receptor produziu uma resistência ao recebimento dessa luz. A luz foi se condensando continuamente, em um movimento de contração, denominado Tsim-Tsum, até se tornar um único ponto e irromper numa enorme explosão. Foram criadas, então, as estrelas, os planetas e toda matéria do universo, fragmentada nos reinos mineral, vegetal e animal.

O Zohar descreveu todo este processo com incrível precisão há 2 mil anos, quando os cientistas não sabiam nem ao menos que a Terra era redonda. Mas o mais importante nesta revelação do Zohar não era antecipar qualquer futura descoberta científica, e sim revelar o propósito dessa fragmentação, que foi o desejo do receptor de também compartilhar. Por isso o desejo de receber só para si é tão perigoso, pois ele vai contra o nosso propósito original.

Nossa natureza receptora

O Zohar descreve que a percepção de nossa natureza receptora é a base de todo o trabalho cabalístico. Normalmente rezamos para Deus pedindo proteção e que "Ele" atenda aos nossos inúmeros desejos. Mas será que é assim mesmo que funciona?

Na verdade, tudo que precisamos nesta vida já foi emanado. O eterno já emanou e continua emanando absolutamente tudo que existe no mundo físico. A grande questão é o que nós escolhemos receber.

Por exemplo, ao sintonizar um rádio você pode escolher uma estação de música clássica, uma estação de rock ou mesmo uma faixa de ruído. Assim acontece com os eventos de nossa vida. Somos responsáveis pelo que nos acontece, pois somos nós que sintonizamos o que iremos receber. O problema é que raramente esta sintonia é feita de maneira consciente.

Mas o fato é que esta consciência de sintonia é transformadora. E se aplica a todo e qualquer exemplo. Você saiu de carro e alguém lhe deu uma tremenda fechada. Aí você teve uma discussão séria com aquele sujeito e dali seu dia acabou. O que você tem a ver com isso? Absolutamente tudo. As primeiras perguntas que podem ser feitas são:

- Por que ele fechou você e não um outro carro qualquer?
- De que adiantou toda aquela discussão, depois de o fato já estar consumado?

Por isso precisamos trabalhar nosso receptor e abrir espaço para receber toda a luz que está disponível para nós. E uma das maneiras mais eficientes de configurar o nosso receptor é a prática da meditação.

É na percepção de que é você quem sintoniza todo e qualquer acontecimento em sua vida que se encontra o início de uma grande revolução pessoal e a libertação de um estado de escravidão.

Começando a meditar

Milhares de pessoas em todo o mundo vêm experimentando os resultados das meditações cabalísticas, e existem depoimentos realmente impressionantes sobre os efeitos obtidos a partir da contemplação de letras sagradas.

O trabalho do Dr. Artur Spokojny, cardiologista, diretor-assistente do Catherization Center no New York Hospital, é mundialmente reconhecido. Ele já obteve incríveis resultados usando a meditação cabalística com seus pacientes. Ele explica:

> Em minha opinião, o corpo humano é como um computador. Assim como qualquer computador, ele requer um sistema operacional para funcionar adequadamente. Quando um computador se torna corrompido, você tem que reinstalar o sistema operacional. Algumas vezes, você aplica um programa antivírus para limpar o sistema. O mesmo princípio está ocorrendo aqui. Escanear e meditar sobre as letras hebraicas é como fazer um download e reinstalar um novo sistema operacional no corpo.

Esse é apenas um entre muitos e surpreendentes depoimentos sobre as experiências obtidas através da meditação denominada 72 nomes de Deus. Essa poderosa meditação é derivada do texto bíblico que narra a saída de Moisés e seu povo do Egito, mais precisamente do trecho que relata o milagre da "abertura do mar".

Ela foi obtida pela permutação de três parágrafos dessa passagem, e foi a ferramenta utilizada por Moisés para iniciar o processo de liberdade de um povo. Deve ser utilizada, portanto, para iniciarmos também nossa saída de um mundo escravo e limitado pelo aparente. No Apêndice 2 você encontrará uma explicação mais detalhada do processo pelo qual esta meditação foi obtida.

Embora muito eficaz, a meditação nos 72 nomes precisa ser feita com persistência. Para quem não tem o costume de meditar, o começo pode parecer estranho, mas, com o tempo, surgem resultados e ela acaba se tornando parte de sua rotina.

Imagine seu primeiro dia em uma academia de ginástica. O corpo está desabituado a fazer força, os aparelhos parecem muito estranhos e no final você fica todo dolorido. No entanto, conforme você persiste, seu corpo fica muito mais saudável e os resultados passam a justificar plenamente o esforço realizado. Depois de algum tempo, deixa de ser esforço e vira prazer. Pois o mesmo acontece com a prática da meditação.

Como meditar nos 72 nomes de Deus

Para praticar esta meditação você precisará utilizar a folha seguinte, repleta de letras sagradas. Estas não são letras hebraicas comuns. São letras utilizadas para propósitos específicos de contemplação.

Pode ter certeza de que você não precisa saber uma única palavra de hebraico para que a meditação tenha efeito. Até porque estas sequências de letras não formam palavras específicas. A Cabala nos ensina que nossa alma reconhece a forma destas letras porque elas estão relacionadas aos elementos-chaves da criação.

Sente-se primeiro em uma posição confortável, em um ambiente o mais silencioso possível. É muito difícil meditar com uma televisão alta ou com crianças gritando por perto. Por isso é importante escolher um momento adequado.

Comece então a escanear as letras, da direita para a esquerda. Ao encerrar uma linha, passe para a de baixo. Para cada sequência de três letras, faça uma respiração completa (uma inspiração e uma expiração). Serão ao todo 72 respirações.

O processo de escanear as sequências de três letras significa simplesmente passar o olho nelas, concentrando-se mais no contorno branco em volta das letras em preto. Essa meditação pode e deve ser feita diariamente. Evite apenas uma ansiedade por resultados imediatos, pois, como acontece com qualquer outra atividade regular, os resultados surgem naturalmente, com o tempo.

כהת	אכא	ללה	מהש	עלם	סיט	ילי	והו
הקם	הרי	מבה	יזל	ההע	לאו	אלד	הזי
חהו	מלה	ייי	נלך	פהל	לוו	כלי	לאו
ושר	לכב	אום	ריי	שאה	ירת	האא	נתה
ייז	רהע	חעם	אני	מנד	כוק	להח	יחו
מיה	עשל	ערי	סאל	ילה	וול	מיכ	ההה
פוי	מבה	נית	ננא	עמם	החש	דני	והו
מחי	ענו	יהה	ומב	מצר	הרח	ייל	נמם
מום	היי	יבמ	ראה	חבו	איע	מנק	דמב

Os 72 nomes de Deus são uma poderosa meditação cabalista que deve ser feita diariamente e nos ajuda a enxergar o mundo dos 100 por cento.

O MESTRE DO ZOHAR: SIMEON BAR YOCHAI

No final do século I o Império Romano ocupou a terra de Israel, e sua população foi dizimada. Um dos maiores cabalistas da história, Simeon Bar Yochai, foi então sentenciado à morte pelo imperador romano Trajano.

Ele teve que se esconder em uma caverna em Piquin, Israel, onde permaneceu por 13 anos, junto a seu filho. Durante esse período, Simeon se tornou um homem etéreo e recebeu, sob a orientação do profeta Elias, as informações que compõem o Zohar.

Quando o imperador finalmente morreu, eles abandonaram o esconderijo, e o rabino Simeon logo juntou um grande número de discípulos, transmitindo ensinamentos baseados na unicidade de todas as almas com o divino. Seus discípulos registraram todos os seus ensinamentos escrevendo o Zohar, reconhecido como uma das principais referências de conhecimento sobre a Cabala.

Os manuscritos foram ocultos após a morte de Simeon. Mas ele era um profeta e havia escrito no próprio Zohar que o período de ocultação duraria 1.200 anos, a partir da destruição do Templo Sagrado em Jerusalém.

Em 1270, exatos 1.200 anos mais tarde, o texto foi encontrado em uma caverna pelos árabes que residiam na região. Foi reconhecido por um cabalista chamado Moses Deleon, que havia comprado um peixe embrulhado naquele papel de incalculável valor. A partir de então o Zohar começou a ser revelado para o mundo.

O MESTRE DO ZOHAR: SIMEON BAR YOCHAI

No final do século I o Império Romano ocupou a terra de Israel e sua população foi dizimada. Um dos maiores cabalistas da história, Simeon Bar Yochai, foi então sentenciado à morte pelo imperador romano Trajano.

Ele teve que se esconder em uma caverna em Peqiin, Israel, onde permaneceu por 13 anos, junto a seu filho. Durante esse período, Simeon se tornou um homem etéreo e recebeu, sob a orientação do profeta Elias, as informações que compõem o Zohar.

Quando o imperador finalmente morreu, eles abandonaram o esconderijo, e o rabino Simeon logo juntou um grande número de discípulos, transmitindo ensinamentos baseados na unicidade de todas as almas com o divino. Seus discípulos registraram todos os seus ensinamentos escrevendo o Zohar, reconhecido como uma das principais referências de conhecimento sobre a Cabala.

Os manuscritos foram ocultos após a morte de Simeon. Mas ele era um profeta e havia escrito no próprio Zohar que o período de ocultação duraria 1.200 anos, a partir da destruição do Templo Sagrado em Jerusalém.

Em 1270, exatos 1.200 anos mais tarde, o texto foi encontrado em uma caverna pelos árabes que residiam na região. Foi reconhecido por um cabalista chamado Moisés Deleon, que havia comprado um peixe embrulhado naquele papel de incalculável valor. A partir de então o Zohar começou a ser revelado para o mundo.

Parte 2

Onde está o inimigo?

ב

Os defeitos que enxergamos nos outros são na verdade nossos próprios defeitos.

Vivemos em um mundo em que o culpado é sempre alguém O culpado é o chefe, o esposo, a sociedade, o vírus, a bactéria. A maioria dos defeitos que observamos nos outros são na verdade nossos próprios defeitos.

A teoria das sementes

Existe uma importante teoria cabalística denominada teoria das sementes. Ela nos revela que tudo que experimentamos em nossas vidas teve origem em uma semente. Assim como os seres vivos nascem de sementes, as situações com as quais deparamos também nascem de sementes plantadas em algum momento. Vamos ver alguns exemplos da aplicação prática dessa teoria.

Se o seu casamento não vai bem e, em vez de tentar consertá-lo com viagens, conversas, bons programas ou o que mais possa ajudar, você arranja uma amante e passa a ignorar cada vez mais sua mulher, é claro que em algum momento o casamento irá ruir.

Se você passa por sérios problemas emocionais e em vez de procurar uma ajuda efetiva passa a se drogar, é óbvio que estará cavando mais adiante o buraco de uma enorme depressão.

Se você está cada vez mais sedentário, se alimenta de maneira descuidada e vive com medo de enfrentar a balança, é claro que em algum momento sua saúde e também sua autoestima desmoronarão.

Por isso, precisamos ter a consciência de que a todo momento estamos plantando sementes em nossas vidas. Sementes de relacionamentos, profissionais, de saúde, enfim, sementes de todo tipo.

No entanto, plantar boas sementes não garante nenhum sucesso a curto prazo. É até comum começarmos a fazer ações positivas, para nós e para os outros, e dias depois tudo começar a dar errado em nossas vidas. Aí pensamos: de que adianta praticar o bem se tudo dá errado para mim?

Assim, é necessário ter em mente uma variável chamada tempo, que distancia, às vezes mais, às vezes menos, os efeitos de suas causas. E muitas vezes é difícil entender os mecanismos relativos do tempo.

Tenho um aluno que há mais de vinte anos se separou da mulher e dos filhos e casou com outra mulher, de personalidade muito difícil. Nessa época, ele ganhou muito dinheiro e tornou-se um homem rico. Seu desejo de receber para si mesmo era muito grande, assim como o de sua nova esposa.

Vinte anos depois ele se encontrava em séria crise financeira, tendo problemas básicos de subsistência e sofrendo de depressão. Não entendia o porquê disso tudo estar acontecendo com ele. Passou então a adotar aquele conhecido discurso de que a vida não valia a pena, que era um injustiçado, um pobre coitado.

A teoria das sementes ajudou-o a constatar sua situação de maneira mais clara. Ele percebeu a qualidade das sementes que plantava. No auge de seu sucesso profissional, ele havia mudado de área e aberto novos empreendimentos. Todos deram errado, um após o outro. Até que suas reservas se esgotaram e ele empobreceu. Como só enxergava o mundo dos 10 por cento, ao ficar sem dinheiro, sentiu um vazio e acabou perdendo várias outras coisas, entre elas a autoestima.

A consciência desse processo foi o início de uma nova maneira de enxergar a vida e seu acesso ao mundo dos 100 por cento, onde sempre existe a possibilidade de um recomeço. A primeira nova semente que ele plantou foi a de compartilhar. E compartilhar é o melhor remédio antidepressivo jamais inventado.

Normalmente, as pessoas deprimidas possuem um imenso desejo de receber só para si. São as coitadinhas, que precisam de remédios, de atenção o tempo todo, ficam muito preocupadas consigo mesmas e nem percebem que existe um mundo à sua volta. Para uma pessoa nessas condições, muito mais eficiente do que qualquer remédio ou tratamento é inserir o compartilhar em sua vida. Coloque-a para ajudar um parente, ser voluntária em alguma atividade, faça-a se sentir útil. Rapidamente ela irá sair do curto-circuito e recomeçar a receber a luz.

É o primeiro princípio cabalístico funcionando novamente: o que você faz com o seu desejo de receber? Compartilha ou retém só para si mesmo?

O opositor

Há milhares de anos os sábios cabalistas identificaram um adversário que acompanha todo e qualquer ser humano por toda a sua existência. Uma espécie de inimigo permanente, poderoso, equipado com diversas armas, e que está sempre nos dando aquele tipo de conselho:

Tome mais uma dose de uísque. Só mais uma não vai fazer diferença!

Deixe as férias com a família para depois, se mate de trabalhar, mas compre aquele carro dos seus sonhos.

Primeiro se cure de todos os seus problemas para depois começar a fazer algo pelo outro.

Esse inimigo utiliza-se de diversos disfarces e é muito importante identificá-los. Antes de mais nada, tenha certeza de que ele aparece assim que você nasce e o acompanha até seu último suspiro. A esta altura você já deve ter descoberto onde seu inimigo mora, certo?

As pessoas, intuitivamente, têm a noção de sua presença e denominam-no de nomes nada bonitos, tais como Capeta, Diabo, Demo e Satanás. O nome utilizado na Cabala para descrevê-lo é Satã. E é na compreensão do significado desta palavra em hebraico que descobrimos que, embora muito destrutivo, ele não é de todo mal.

O significado da palavra Satã em hebraico é obstáculo. E o cabalista entende que os obstáculos são parte necessária e fundamental para o nosso aperfeiçoamento. Existe um outro nome, talvez mais adequado, para denominar esse opositor inseparável: contrainteligência.

A presença da contrainteligência em nossa vida está diretamente relacionada às nossas tendências autodestrutivas. Uma parte de nós quer nos prejudicar em vez de ajudar e nos vicia em hábitos que sabemos ser completamente prejudiciais.

Um dos grandes artifícios da contrainteligência é o implante da dúvida em seus pensamentos, misturando dúvidas com verdades de forma a tornar seu caminho nebuloso. Você pensa estar tomando uma decisão correta quando na verdade se engana. Você diz sim quando sabe que deveria estar dizendo não, e você diz não quando sabe que deveria estar dizendo sim.

Assim, se você é obeso e está fazendo uma dieta, o opositor começa a sussurrar em seu ouvido: "Chega disso, você era mais feliz comendo à vontade. Uma fatia de torta com sorvete não vai fazer mal. Só hoje."

Surgem então duas opções. Na primeira você cede a esses conselhos e sai da dieta, optando por um prazer imediato, que será seguido de frustração e duras consequências. Na segunda opção você resiste, e para tal precisa lembrar que muito maior que aquele curto prazer é o seu propósito de vida. Ao aplicar esta resistência você absorve muita luz. Uma luz que vai além de você.

Esse, é o principal motivo pelo qual essa contrainteligência existe. Essa é a sua função. Se ela não existisse, haveria uma monotonia imensa em nossas vidas.

Imagine-se vivendo em total equilíbrio e sem nenhum obstáculo. Você morando em um belo apartamento na cidade, passando os fins de semana em sua linda casa de campo, com uma considerável reserva financeira no banco. Sua vida afetiva sempre estruturada e todo o tempo do mundo disponível para o lazer.

Experimente viver um ano nessas condições. É insuportável. Precisamos de desafios, precisamos vencer nossas batalhas diárias, os diversos obstáculos que surgem em nossos caminhos. Precisamos da escolha, de dizer não à voz atraente e promissora do opositor, que está sempre instigando nossa vaidade e nosso desejo de receber só para si.

São estas pequenas vitórias nos confrontos do dia a dia que nos fazem crescer e nos tornar seres luminosos. A cada batalha em que vencemos esta contrainteligência recebemos muita luz, e quanto maior o obstáculo, maior a luz recebida. Mas precisamos identificar o movimento da contrainteligência para nos antecipar sempre a ela.

O comportamento reativo

O comportamento reativo é o grande recurso lançado pela contrainteligência para distanciá-lo da luz. Ele é baseado naqueles conhecidos conselhos populares:

- Não leve desaforo para casa.
- Olho por olho, dente por dente.
- Bateu, levou.

Todos eles são uma grande furada. Você reage na hora, naquele momento se sente um pouco melhor, mas posteriormente se sentirá muito pior e ainda terá de lidar com as consequências de sua ação reativa.

O comportamento reativo segue uma sequência básica. Ao deparar com um obstáculo, você reage de imediato e sente um resultado aparentemente positivo. Talvez se sinta até mesmo aliviado, mas depois terá que lidar com consequências destrutivas. O que não faltam são exemplos deste tipo de comportamento em nosso cotidiano.

Quando lecionava no departamento de informática da PUC, havia um professor muito jovem e carismático que era muito meu amigo. Um dia o coordenador do curso, vendo-o no pátio de bermuda, abordou-o e lhe passou um sermão, dizendo que aquela não deveria ser a postura de um professor.

No calor de seus 20 anos, o jovem professor imediatamente lhe respondeu, utilizando uma série de argumentos reativos, muito embora fossem coerentes. Disse-lhe que a temperatura naquela época beirava os 42 graus, que todos os alunos também iam de bermuda para a aula e, por fim, que aquela bermuda era muito mais elegante do que a calça de malha que o coordenador usava naquele momento. De fato, o coordenador trajava uma calça esportiva velhíssima. Um farrapo.

No dia seguinte, o jovem professor foi chamado à secretaria do curso e "convidado" a se afastar. Muitos alunos protestaram, mas o desfecho foi realmente o seu afastamento.

A ação reativa do jovem professor lhe tirou o emprego e importantes relacionamentos que ele mantinha com os demais professores e alunos. E como são fartos os exemplos como este em nosso cotidiano!

Quantas pessoas já não ficaram anos sem falar com um querido parente devido a uma discussão em que agrediram um ao outro por mero impulso reativo?

Quantas situações de violência urbana não ocorrem diariamente por causa de uma discussão no trânsito que podia ser facilmente evitada?

Quantos casais não destroem seus casamentos apenas por fomentar pequenas discussões e desavenças diárias, movidas puramente pelo comportamento reativo?

Existe uma história que ilustra muito bem a essência do comportamento reativo:

> Havia um pequeno menino, que estava passeando com seus pais. Ele então pergunta ao seu pai:
>
> – Pai, como as guerras começam?
>
> O pai responde:
>
> – Meu filho, havia disputas entre diferentes reinos, como os romanos e os persas.
>
> – Não houve disputa entre os romanos e os persas – retrucou a mãe.

– Será que você não entende que eu só queria dar um exemplo para o menino? – disse o pai, visivelmente irritado.

– Por que, então, não dá um exemplo correto? Você só consegue colocar coisas erradas na cabeça do menino – respondeu a mãe de forma áspera.

– Muito pior é você, que não faz nada na vida nem consegue ensinar algo para ele. Faz tudo para transformá-lo em um fracassado – reagiu o pai.

A esta altura o filho respondeu a ambos:

– Muito obrigado. Já entendi como começam as guerras.

Essa é a essência da guerra. A guerra entre os países, entre as pessoas e também a guerra interna. Todas têm em comum o comportamento reativo. É a voz da contrainteligência, novamente, estimulando-nos a jogar nossa vida para baixo. Impelindo-nos a plantar uma série de sementes destrutivas que vão gerar efeitos devastadores em nossa existência.

Mas a reatividade de uma pessoa não é medida apenas por seus impulsos exteriores. Muitas vezes nos defrontamos com uma pessoa extremamente pacífica, de fala mansa, aparentemente equilibrada, mas que contraiu uma séria doença no fígado, por exemplo. É uma outra forma da reatividade, também muito comum, mas que se volta para dentro.

Neste caso, em vez de reagir e procurar a discórdia com o outro, você guarda tudo aquilo dentro de si. Mas como o sentimento de raiva e a maneira de encarar a situação são os mesmos, o efeito destrutivo se direciona para dentro de você. E assim surgem doenças devastadoras.

Experimente mudar-se para uma caverna no Himalaia e pode ser que consiga passar algum tempo sem sentir esse impulso reativo. Mas assim que retornar, no primeiro engarrafamento sob um calor de 40 graus, certamente voltará a senti-lo. A questão é: o que fazer com esse impulso reativo?

Felizmente a sabedoria da Cabala bolou um eficiente antídoto para todo o mal provocado pelos efeitos do comportamento reativo. Uma maneira totalmente diferente de lidar com os obstáculos e de driblar os ardilosos recursos da contrainteligência. Ela se chama comportamento contemplativo.

O comportamento contemplativo

Na maneira contemplativa de agir há uma mudança significativa na situação. Ao deparar com o obstáculo você se contrai, evitando a reação impulsiva, e injeta luz naquela situação, passando a tomar as rédeas do problema. A ação resultante não será apenas uma resposta instintiva e animal. Agora você está agindo com acesso à toda luz do mundo dos 100 por cento e não apenas com aquela visão fragmentada e limitada do mundo dos 10 por cento

Se o jovem professor universitário tivesse respondido àquele mesmo obstáculo de maneira contemplativa, ao receber o sermão do coordenador, ele ouviria aquilo atentamente, respirando muito bem e lembrando sempre de seus propósitos maiores. Mais tarde, procuraria uma meditação adequada àquela situação. Perceberia, então, se a intenção do coordenador era expressar puramente sua negatividade em cima dele ou se ele próprio não poderia estar vendo as coisas de maneira distorcida. Após uma noite bem-dormida, agendaria um horário com o coordenador e expressaria gentilmente sua maneira de pensar.

O efeito posterior de sua ação contemplativa seria a provável permanência no emprego, permitindo a ele prosseguir no exercício de sua vocação e de sua necessidade de compartilhar.

O entendimento mais importante no exercício do comportamento contemplativo está na percepção de que, quanto maior for o obstáculo com o qual deparamos, maior será a nossa vontade de agir reativamente. E assim mais resistência terá que ser aplicada.

O COMPORTAMENTO REATIVO

1. Surgimento do obstáculo
2. Ação reativa
3. Resultado imediato
4. Efeito destrutivo posterior (causa → efeito)

O COMPORTAMENTO CONTEMPLATIVO

1. Surgimento do obstáculo
2. Contração injetando luz na situação
3. Ação sob influência da luz
4. Efeito posterior construtivo (causa → efeito)

Resistir implica em criar uma nova etapa no processo. Inserir uma respiração, uma meditação, uma oração, enfim, uma ferramenta do mundo dos 100 por cento.

Por isso, a maneira contemplativa de agir é uma das maiores preciosidades do aprendizado da Cabala. Como qualquer aprendizado novo, ela exige um esforço muito grande, principalmente no início, mas com o tempo se torna um modo de vida, gerando muita luz para quem a pratica.

Existe, no entanto, um modo específico do comportamento reativo para o qual o cabalista dá especial atenção. Algo que possui um enorme poder, mas que as pessoas em geral não se dão conta. Esse algo chama-se o mau uso da palavra.

O poder das palavras

A percepção do poder que emana de cada palavra que pronunciamos e ouvimos é por si só a base de uma imensa revolução pessoal. Passamos a maior parte da vida falando qualquer coisa que nos venha à mente. E a pergunta que precisa ser feita é: quem é que está no controle dessas palavras?

Com certeza, um dos maiores recursos utilizados pela contrainteligência é a expressão da palavra negativa. Uma palavra com poder real de destruição que é denominada na língua hebraica Lashon Hará, podendo também ser traduzida como maledicência.

A quase totalidade das pessoas pratica o Lashon Hará diariamente e experimenta os indesejáveis efeitos desta prática. Ela se apresenta sob diversas formas. A mais conhecida é quando uma pessoa fala para uma segunda sobre aspectos negativos de uma terceira pessoa. São profundos ferimentos na alma, envolvendo, neste caso:

1) **Quem fala.** Expressando negatividade, atrai a mesma negatividade para si.
2) **Quem ouve.** Ao ouvir, recebe toda aquela negatividade destrutiva.
3) **Quem é falado.** Aquele que não ouve mas sente e se enfraquece.

Este tipo de Lashon Hará é comum e aparece sob muitas maneiras disfarçadas, mas não por isso menos nocivas. Por exemplo, quando você se aproxima de um amigo e começa a falar mal dos políticos que nos governam, você realimenta sua negatividade, a de seu amigo e a daqueles que exercem a função de governantes.

Experimente inserir a contração, principal ferramenta do comportamento contemplativo. Mesmo que o governante seja desonesto, se seu comentário não tiver um caráter construtivo, simplesmente não o faça. Algo significativo começará a mudar na realidade à sua volta.

Mas existem outros tipos de Lashon Hará, também nocivos e mais difíceis de identificar. Aquele em que você vive lamentando sobre si mesmo para os outros:

"Coitadinho de mim, estou sempre doente."

"Trabalho tanto e vivo sem dinheiro."

"Faço tudo pelos outros, mas ninguém faz nada por mim."

Neste caso, são apenas duas pessoas feridas, você e quem ouve você, mas o efeito sobre suas vidas é igualmente devastador.

Um terceiro tipo de Lashon Hará é quando você ouve a maledicência de um outro. Você liga para sua mãe e pergunta: "Como vão as coisas, mamãe?" E ela lhe responde: "Tudo muito mal, meu filho. Estou com este problema, com aquele. O síndico do prédio não vale nada etc. etc..."

Seja seu vizinho, seu amigo de infância ou seu parente mais querido, quando sentir que seu próximo começa a despejar negatividade em seus ouvidos, experimente correr dali e estará fazendo uma ação nobre para ambos.

No curso de Cabala que leciono, costumamos experimentar um exercício bastante interessante. Passamos uma semana inteira sem falar mal dos outros, sem nos lamentar e evitando ao máximo ouvir a negatividade alheia. Ou seja, abolindo o Lashon Hará de nossas vidas.

Não se pode dizer que seja uma tarefa fácil. Na verdade, é quase impossível cumpri-la rigorosamente. Mas a recomendação é que, se uma vez ou outra escapar, ninguém deve desanimar. Basta manter o foco no exercício e seguir adiante. O resultado final desse exercício produz significativas transformações em muitas pessoas, uma vez que, quando começamos a focar na qualidade das palavras que pronunciamos e no tipo de Lashon Hará que nos enquadramos com mais frequência, despertamos para uma nova consciência e uma nova maneira de olhar para o mundo à nossa volta.

O MESTRE DAS PALAVRAS: ISAAC LURIA

Isaac Luria foi um grande mestre de uma época e lugar muito especiais na história da Cabala. Seus ensinamentos despontaram em Safed, em meio a uma inesquecível comunidade de homens místicos e devotos. Em um ambiente de sublime harmonia, a dedicação à vida espiritual vinha em primeiro lugar.

Em 1570, nesse ambiente de devoção e santidade, chegou à cidade Isaac Luria. Conta-se que o pai de Ari (também era assim chamado devido a uma permutação do nome Rav Isaac Ashkenazi) teria sido visitado pelo profeta Elias antes de seu nascimento e avisado que aquele menino revelaria o vasto conhecimento cabalista para o mundo.

Antes dos 18 anos já estudava Cabala. Foi quando observou um viajante na sinagoga, lendo as orações num manuscrito com interpretações cabalísticas. Isaac Luria abordou-o e descobriu que aquele pergaminho continha o raríssimo texto do Zohar. Implorou até que o desconhecido concordou em vendê-lo.

Luria retirou-se em isolamento e estudou-o por cerca de dez anos. Praticando diversos e longos jejuns, obteve várias revelações. Podia ler pensamentos, além de ver o futuro e passado como se fossem presente. Regressou à comunidade e passou a transmitir suas ideias, sempre oralmente, estabelecendo uma série de exercícios de concentração baseados na contemplação das letras e em orações. A comunidade de Safed amava-o profundamente, não apenas por seus ensinamentos, mas porque ele era um homem generoso, amável e que não ousava ferir nem mesmo um inseto.

PARTE 3

Mundo dos 10 por cento
×
Mundo dos 100 por cento

Bem-vindo ao mundo dos 100 por cento

Quando enxergamos apenas a dimensão do mundo físico, ignoramos 90 por cento da totalidade e desprezamos as sementes formadoras de toda a realidade. É como tentar mudar a imagem refletida em um espelho sem modificar a imagem original.

Como funciona o mundo dos 100 por cento

Logo no início da Bíblia encontraremos a descrição de todo o processo de criação do nosso planeta até o momento da chegada de uma consciência, também denominada consciência adâmica. Este momento é datado em aproximadamente 5.765 anos atrás.

A partir daí, é contada a história da evolução de um grupo de homens, que não são mais apenas macacos evoluídos. Um tipo de homem que passa a carregar uma nova qualidade de alma. E que provoca modificações expressivas no planeta.

De fato, se pesquisarmos os registros históricos, veremos que a evolução individual e social que tivemos nos últimos 5 mil anos foi incomparavelmente maior do que a registrada nos 50 mil anos anteriores. Uma evolução que se dá como uma espiral, e que se acelera. Somente nos últimos cem anos tivemos uma evolução mais significativa do que a dos mil anos anteriores. E é assim que chegamos hoje a uma etapa muito especial e peculiar do processo evolutivo.

A leitura dessa parte da Bíblia descreve o processo da chegada dessa consciência ao planeta. É uma leitura bastante codificada e só pode ser compreendida com o acervo de conhecimento da Cabala.

Entre os diversos códigos contidos na passagem de Adão e Eva no jardim do Éden encontramos duas diferentes árvores. Uma, chamada árvore da penetração do bem e do mal, e a outra, árvore da vida.

A árvore da penetração do bem e do mal representa a visão fragmentada que nos faz enxergar o mundo físico, o mundo dos 10 por cento, completamente separado do mundo dos outros 90 por cento.

Nesta qualidade de consciência, passamos a acreditar que a realidade física é diferente da realidade espiritual. Aí você diz: "No dia em que eu me realizar em minha vida material vou me dedicar à vida espiritual." Acontece que esse dia nunca chega, porque é impossível consolidar um mundo sem a percepção do outro.

Já a segunda árvore, a árvore da vida, vem a representar o mundo dos 100 por cento, uma consciência que nos permite identificar o mundo físico como parte integrada a um todo muito maior.

Assim, quando estudamos a árvore da vida, podemos entender como somos alimentados pela luz, substância primordial e infinita, que é a origem e satisfação de todos os nossos desejos.

Mas precisamos lembrar que no longo caminho extrafísico pelo qual essa luz se propaga, desde sua emanação até chegar aqui em nós, existem dez diferentes cortinas. O mundo físico, dos 10 por cento aparentes, no qual vivemos, se encontra após a décima cortina e é, portanto, onde se tem uma menor visão da totalidade. Por ficar delimitado por uma cortina, passamos a achar que ele é tudo que existe.

Desta forma, quando surgem os obstáculos e os enxergamos apenas pela ótica mais aparente, estamos vendo apenas a ponta final de todo o processo. Mas você não acha que fica muito difícil resolver uma situação enxergando no máximo um décimo de sua totalidade? E é assim que surgem aqueles inúmeros problemas sem solução:

- Nunca me realizei profissionalmente.
- Jamais encontrei um amor verdadeiro.
- Minha vida não tem qualquer propósito.

Todas essas situações, aparentemente sem solução, são visões fragmentadas da realidade, de quem enxerga apenas o mundo aparente dos 10 por cento.

Quando passamos a enxergar a totalidade, ou seja, o mundo dos 100 por cento, nossa visão se amplia em dez vezes e passamos a identificar um tesouro em cada obstáculo com o qual deparamos. Algo essencial para o nosso crescimento, pois, vendo-se além do aparente, torna-se possível entender a profunda dinâmica relacionada a tudo aquilo que se apresenta em nosso caminho.

Na página seguinte apresentamos um diagrama da árvore da vida, que é atualmente o mais utilizado pelos cabalistas de todo o mundo. Este diagrama deriva de Isaac Luria, expoente da sabedoria cabalística do século XVI. Existem, no entanto, diagramas alternativos muito anteriores a este, como o de Abraham Abulafia, do século XIII.

A CABALA E A ÁRVORE DA VIDA

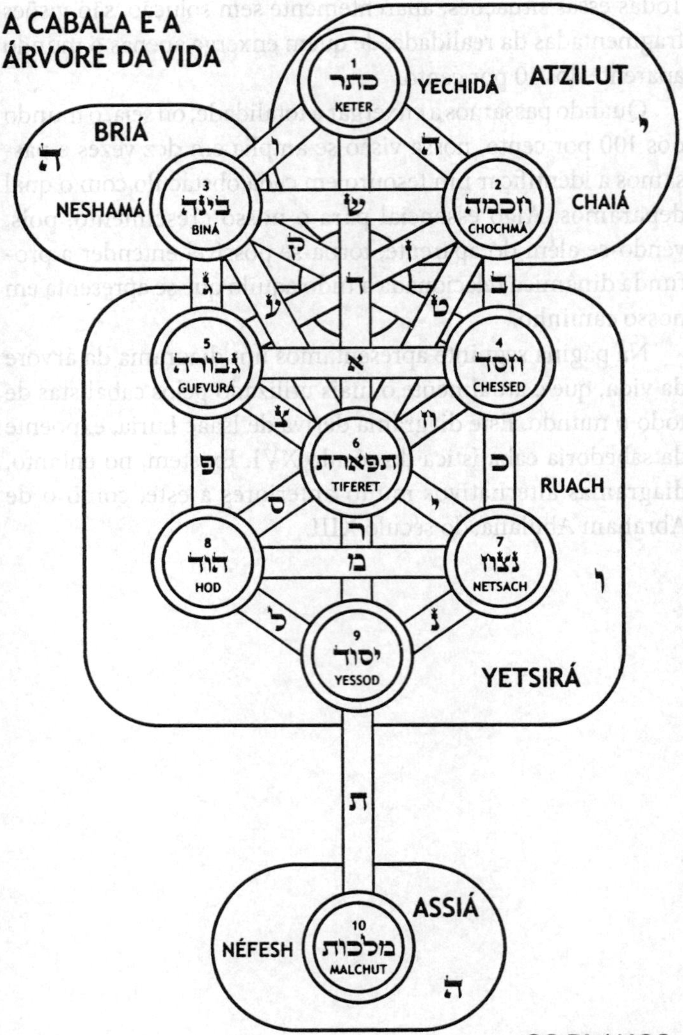

OS PLANOS
OS NÍVEIS DE ALMA
AS SEFIROT

AS LETRAS

FORMA	LETRA	VALOR	ASTROLOGIA
א	ALEF	1	AR
ב	BEIT	2	SATURNO
ג	GUÍMEL	3	JÚPITER
ד	DALET	4	MARTE
ה	HEI	5	ÁRIES
ו	VAV	6	TOURO
ז	ZAIN	7	GÊMEOS
ח	CHET	8	CÂNCER
ט	TETH	9	LEÃO
י	YUD	10	VIRGEM
כ	CAF	20	SOL
ל	LAMED	30	LIBRA
מ	MEM	40	ÁGUA
נ	NUN	50	ESCORPIÃO
ס	SAMECH	60	SAGITÁRIO
ע	AYIN	70	CAPRICÓRNIO
פ	PEI	80	VÊNUS
צ	TSADE	90	AQUÁRIO
ק	KUF	100	PEIXES
ר	RESH	200	MERCÚRIO
ש	SHIN	300	FOGO
ת	TAV	400	LUA

Os três pilares

O primeiro entendimento da árvore da vida é obtido pela observação de seus três pilares:

- **O pilar da esquerda** representa o desejo de receber, característica essencial de tudo que se manifesta no universo.
- **O pilar da direita** representa o desejo de compartilhar, característica que nos aproxima do criador. É o exercício deste pilar que nos equilibra física, mental e emocionalmente.
- **O terceiro pilar** traz uma reveladora inovação ao pensamento dual tradicional, presente em diversas outras doutrinas. O pilar central representa a restrição, que é uma pausa necessária entre o desejo de receber e o desejo de compartilhar, entre o estímulo e a reação.

Precisamos entender melhor a palavra restrição, uma vez que normalmente a temos como algo negativo, que vai contra a nossa liberdade. Na verdade, apenas nós, seres humanos, temos essa capacidade de restrição e, por consequência, a possibilidade de transcender nossos instintos.

Diferentemente da cultura expoente dos anos 1970, que pregava a liberdade através da liberação dos instintos, o cabalista percebe a liberdade exatamente na possibilidade de se exercer restrição em seus instintos. Isto porque a expressão imediata de todas as nossas reações instintivas nos torna muito mais escravos do que seres realmente livres.

A prática do Lashon Hará, a palavra negativa, também possui seu funcionamento baseado na ausência de restrição.

Por exemplo, se uma pessoa ao pensar em se lamentar, seja de uma doença, falta de dinheiro, ou qualquer outra coisa, insere uma pausa, acaba não transformando esse pensamento em palavras.

A restrição, ao ser aplicada, abre espaço para a injeção de luz, e sempre que nos preenchemos de luz não precisamos mais nos expressar de forma negativa.

Todavia, essa mecânica não funciona apenas para as coisas negativas. Se você recebe um imenso elogio de alguém e não realiza um movimento mínimo de restrição, muito provavelmente esse elogio se transforma em um sentimento de vaidade ou orgulho, o que também não o levará a grandes lugares.

Os quatro mundos

O diagrama da árvore da vida nos apresenta então uma segunda e preciosa informação, sobre os quatro mundos que existem em paralelo. Explicaremos a seguir cada um deles, começando do plano onde a luz é mais sutil e terminando no plano onde a luz se transforma em matéria.

O primeiro deles é Atzilut, o **plano da emanação**, onde tudo é emanado para posteriormente ser criado, formado e materializado. Na verdade, não temos acesso direto a esse mundo, e, de certa forma, acreditar que Deus estará emanando as situações com as quais iremos deparar em função do que pedimos é algo que realmente não faz muito sentido. Até porque nem sempre sabemos o que realmente é o melhor para nós.

O que fazemos ao meditar, ao agir contemplativamente, ou ao recitar uma oração é basicamente configurar nosso receptor para receber tudo aquilo que já foi emanado pelo criador. A nossa alma gêmea, o nosso sucesso profissional, também nossos maiores problemas, tudo isso foi emanado. O que um cabalista com muita experiência pode fazer, no entanto, é perceber algo já emanado e evitar a sua criação e formação, através da utilização de ferramentas específicas.

O segundo é o mundo de Briá, o **plano da criação**, onde tudo aquilo que já foi emanado começa a ser criado. Este é um plano crucial na definição do que passamos em nossas vidas, pois é aqui que tudo ganha um projeto e se prepara para ser formado.

O terceiro mundo é Yetsirá, o **plano da formação**, onde tudo ganha forma. Este mundo é relacionado também aos nossos núcleos emocionais. Acostumamos desde crianças a ouvir que o ser humano é um ser essencialmente racional, mas isso não corresponde à realidade. Somos, acima de tudo, emocionais. Repare bem quantas pessoas já foram capazes de atos maravilhosos ou atos deploráveis por estarem dominadas por emoções de medo, amor, raiva ou alegria.

O quarto mundo é Assiá, o **plano da ação**. Este é o mundo mais aparente, o mundo físico que sentimos pelos cinco sentidos. Uma grande parcela dos seres humanos só consegue perceber este mundo e por isso acredita que ele é a totalidade, sentindo-se então muito impotente em relação ao seu próprio destino.

Mas o entendimento dessa estrutura de planos tem um objetivo além da compreensão teórica, e isso acontece quando descobrimos que só conseguimos mudanças mais definitivas e estruturais quando atingimos o plano da criação representado por Briá.

Muitas são as ferramentas cabalísticas que atuam neste plano de criação, em um estado de consciência muito sutil, onde existe a possibilidade de criarmos novamente nossa realidade. Atuando diretamente na semente criadora é possível nos livrarmos de todas as compulsões e vícios, independente do tempo no qual tenhamos sido escravos deles.

OS QUATRO MUNDOS {

Emanação
↓
Criação
↓
Formação
↓
Ação

Por isso, muitas vezes, o processo terapêutico não resolve totalmente essas compulsões. Agindo nos planos da ação e da formação, a psicoterapia pode ser muito eficaz. Mas fica faltando algo, uma vez que ela não atinge o plano da criação.

Para modificar as sementes da criação são necessárias ferramentas, constituídas por poderosas meditações e orações cabalísticas, que possibilitem a transcendência de nosso ego. E somente saindo dos limites do ego deixamos de achar que somos isto ou aquilo, e podemos atingir a nossa plenitude.

Os cinco níveis de alma

A terceira preciosa informação que o estudo da árvore da vida apresenta é sobre os cinco níveis de alma em que coexistimos. A sabedoria da Cabala revela que o conceito de alma não é exatamente aquele conceito romântico que todos assistiram no filme *Ghost – Do outro lado da vida*, no qual um ser, ao morrer fisicamente, libera uma energia astral; algo como uma cortina de fumaça, que representaria toda a sua essência, apenas sem um corpo físico.

Em todos os textos fundamentais encontramos a descrição desses níveis de almas. Cinco diferentes níveis que se expressam em tudo o que existe no universo. Compreenderemos, então, que tudo que existe no universo tem uma alma. Mesmo uma pedra possui um determinado nível de alma.

Começaremos desta vez de baixo para cima, ou seja, da luz densa, traduzida em matéria, para a luz sutil.

O primeiro nível de alma é comum a tudo que existe no mundo material. É chamado **Néfesh**. Os animais, as plantas e até mesmo os objetos inanimados possuem Néfesh. Tudo que existe no mundo físico tem desejo de receber, e por isso tem Néfesh. O símbolo maior desse nível de alma no ser humano é o sangue.

O segundo nível é o da alma emocional, ou **Ruach**. Os seres humanos, animais e plantas possuem esse nível de alma, que é responsável por 60 por cento de nossa árvore da vida.

A partir do terceiro nível de alma, somente nós, seres humanos, temos acesso. Chama-se **Neshamá**. Representa um estado bem mais evoluído de consciência, relacionado ao plano da criação. Segundo o Zohar, aqui se encontra a sede de todos os arquivos cósmicos.

O quarto nível de alma chama-se **Chaiá** (vivente). Esse nível se relaciona com uma consciência suprema, que pouquíssimos seres humanos alcançam. Um nível de iluminação, também descrito em outros caminhos espirituais, acessado pela não identificação com o ego, ou seja, pelo momento em que deixamos de nos comparar e nos permitimos simplesmente ser.

Finalmente, existe um quinto nível de alma, ao qual não temos acesso. É o nível de **Yechidá**, em que não existe qualquer fragmentação, um nível da unidade total. Representa um local de onde viemos e para onde iremos retornar. Lembra que falamos da teoria do big bang da criação descrita no Zohar? Quando o receptor, querendo também compartilhar, se contrai até explodir? Pois então, antes da explosão éramos todos uma única entidade.

OS CINCO NÍVEIS DA ALMA

Yechidá
↓
Chaiá
↓
Neshamá
↓
Ruach
↓
Néfesh

As dez dimensões do mundo dos 100 por cento

Os sábios cabalistas descobriram uma maneira de descrever o processo da criação divina dividindo-a em dez diferentes dimensões, denominadas **sefirot.**

Conhecendo o significado de cada uma delas, podemos compreender as partes que compõem nosso universo e tudo que nele está inserido. Ao entender os seus mecanismos, você perceberá porque viver somente nesta dimensão, de um mundo aparente e percebido pelos cinco sentidos, significa viver no mundo dos 10 por cento.

Recentemente, a ciência confirmou esta descrição do universo e elaborou um importante tratado sobre o assunto, denominado teoria das supercordas. Segundo a teoria, além das quatro dimensões já descobertas, existem seis dimensões extras que se espiralam em um minúsculo espaço geométrico, como na formação de uma corda. Assim sendo, nós viveríamos em um espaço de dez dimensões de espaço e tempo.

É interessante constatar que, assim como foi com a descoberta científica do big bang, o Zohar descreveu todas essas descobertas há 2 mil anos, quando a ciência ainda não imaginava nem que a Terra fosse redonda.

A seguir, resumiremos as características principais de cada uma dessas dimensões, nas quais vivemos em paralelo. Cada uma delas é referenciada por uma palavra-chave, que funciona como um pedaço de um mapa para nossa autorrealização.

1ª DIMENSÃO: A ESCOLHA

A primeira dimensão é conhecida como Malchut, o reino do mundo físico, da matéria, onde a percepção se dá basicamente pelos cinco sentidos. Uma grande parte dos seres humanos passa a vida com apenas esta percepção, acreditando que o aparente é tudo que existe. É o que se chama viver no mundo dos 10 por cento.

A palavra-chave nessa dimensão é a escolha, já que tudo que nos acontece nesta vida tem relação com uma escolha prévia feita por nós mesmos. A libertação do mundo ilusório significa compreender isso plenamente e parar de atribuir os nossos problemas à fatalidade.

Nesta consciência passamos a perceber o quanto cada escolha, por menor que seja, significa uma nova semente plantada para nossa vida. Podem ser escolhas grandiosas, como o rumo profissional que você seguirá em um determinado momento, mas também podem ser pequenas escolhas, pelas quais passamos diariamente. Por exemplo, você escolherá passar o dia de hoje como apenas mais um em sua existência ou o celebrará com o agradecimento de estar presente aqui e agora e com todas as possibilidades que esta bela existência nos apresenta?

2ª DIMENSÃO: O PROPÓSITO

Ao atingir esta segunda dimensão, denominada **Yessod**, saímos de uma percepção puramente física do universo e ingressamos no caminho para enxergar o mundo dos 100 por cento. Muitos são os seres humanos que não atingem esse nível de percepção e passam a vida na casca do aparente.

A palavra-chave aqui é o propósito, pois somente tendo-se propósitos conscientes é que podemos realizar escolhas fundamentadas. Quantas não são as pessoas bonitas, ricas, inteligentes, saudáveis, sensíveis e que, mesmo assim, estão sempre insatisfeitas, porque não possuem um propósito para suas existências. Para estas os cabalistas têm uma dica: a base de qualquer propósito é o desejo de compartilhar.

AS DEZ DIMENSÕES

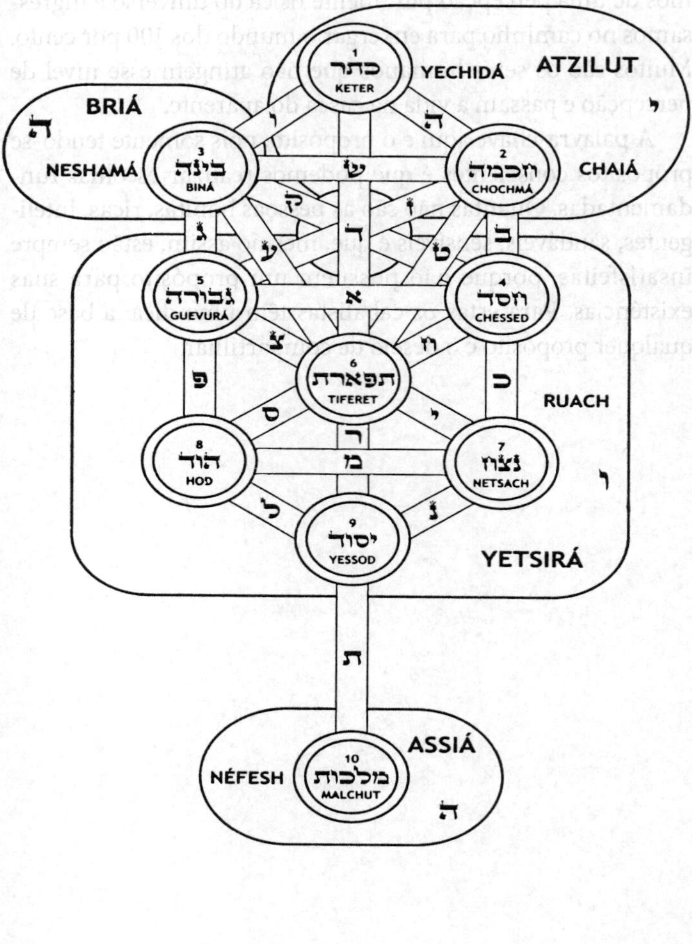

3ª DIMENSÃO: O REFINAMENTO

Uma das razões para se estar vivo é fazer as coisas cada vez melhor. Ainda que façamos uma mesma coisa por dezenas de anos, precisamos estar sempre nos aprimorando, reinventando, sentindo diferente.

Essa dimensão relacionada ao refinamento chama-se **Hod**, e é também onde temos que aprender a perder algo. Isto porque, para se refinar, você precisará também se lapidar, e nesse processo terá que se livrar de excessos.

Tais palavras-chaves se aplicam a absolutamente tudo. Por exemplo, imagine que você vá abrir um pequeno empreendimento. Primeiramente, precisará escolher abri-lo realmente e compreender que tipo de semente estará plantando ao fazê-lo. Precisará, então, definir um propósito para ele. Se seu único objetivo for obter lucro, há uma grande chance de o novo negócio trazer não luz, mas sim um curto-circuito para sua vida. O primeiro princípio cabalístico, o de receber para compartilhar, precisa estar sempre presente.

O próximo desafio será o combate à estagnação. É necessário, então, estar sempre observando pequenos pontos que possam ser aprimorados. Mudanças de demanda, a observação do nível de satisfação dos clientes e funcionários. Enfim, é aqui que entra o refinamento.

4ª DIMENSÃO: A PERMANÊNCIA

A permanência é uma das grandes chaves do caminho espiritual. Esta dimensão, denominada Netsach, é relacionada também à imortalidade.

É muito comum assistirmos a pessoas buscando um caminho por um ano, depois vão para outro, aí param de buscar, para então trocar de trajetória novamente. Na verdade, muito mais importante do que a escolha do caminho A ou B, é permanecer e se aprofundar em um caminho escolhido, desde que ele tenha realmente afinidade com você.

Normalmente, quando achamos que estamos em um caminho luminoso, surgem desafios, obstáculos aparentemente intransponíveis, que colocam todas as nossas convicções em xeque. Por isso existe uma outra palavra-chave nesta dimensão: a confiança.

Não é por acaso que essa dimensão aparece ao lado da dimensão do refinamento na árvore da vida, uma vez que elas são realmente complementares. Uma relação afetiva duradoura, por exemplo, precisa sempre ter uma boa dose de refinamento e outra boa dose de confiança. Um casamento de muitos anos não sobrevive sem se refinar. Nem que seja em detalhes mínimos, o casal precisa estar sempre se aprimorando. Por outro lado, certamente aparecerão alguns obstáculos difíceis, situações de monotonia, e é nessas horas que é necessário lembrar do propósito daquele relacionamento e de quanta luz ele já trouxe e ainda poderá trazer.

5ª DIMENSÃO: O EQUILÍBRIO

Nesta dimensão, denominada **Tiferet**, residem os aspectos relacionados ao equilíbrio, à beleza e à harmonia. A principal ferramenta para se adquirir o equilíbrio e a consciência contemplativa é a meditação, parte essencial do caminho do cabalista. Por mais que se estude, não se chega a lugar algum sem a sua prática.

Repare bem que todo e qualquer caminho de vida inclui a meditação. Ela aparece também no budismo, na yoga; mesmo em religiões tradicionais como o judaísmo e o cristianismo ela está presente, uma vez que a oração, realizada com foco, é também um importante tipo de meditação.

Mas a atividade só terá o efeito desejado se realizada com **permanência**, com **refinamento**, estando atrelada a um **propósito**, e realizada por uma **escolha** consciente. São estes exatamente os atributos das dimensões vistas até o momento.

6ª DIMENSÃO: A DISCIPLINA

Conforme vimos anteriormente, existe uma contrainteligência que nos acompanha da primeira inspiração ao último suspiro de nossa vida. Precisamos dizer não a esses nossos aspectos destrutivos para seguir em direção a uma existência de realização plena. A disciplina, palavra-chave da dimensão de **Guevurá**, surge então como uma virtude essencial.

Imagine que você carregou uma compulsão durante anos de sua vida (como, por exemplo, o vício pela comida em excesso) e resolveu substituí-la por algo criativo e construtivo. É claro que seu opositor volta e meia tentará convencê-lo de que aquele vício tinha também seu lado positivo, ou que o momento atual é tão difícil que não dá para suportá-lo sem aquela droga. É nesse momento que surgirá a necessidade desta grande virtude relacionada à dimensão de **Guevurá**: a disciplina para evitar tudo aquilo que o afasta da luz.

7ª DIMENSÃO: A MISERICÓRDIA

A dimensão denominada Chessed é associada à virtude da misericórdia e também ao desejo de compartilhar. Quando atingimos essa dimensão, nós nos aproximamos da natureza do criador e, portanto, de nossa própria natureza divina.

A dimensão vista anteriormente, Guevurá, é relacionada também ao julgamento. Assim sendo, o equilíbrio entre a Guevurá e a Chessed passa a ser também um equilíbrio entre o julgamento e a misericórdia. Este é um tema muito interessante dentro do conhecimento cabalístico, uma vez que ele foge de um pensamento tradicional, que prega precisarmos desenvolver apenas nossa misericórdia e "perdoar" a tudo e a todos o tempo todo.

Imagine como seria criar filhos apenas utilizando-se do dom da misericórdia! Qual seria o resultado de uma educação na qual tudo se perdoa o tempo todo e não há espaço para a disciplina e para o julgamento?

O equilíbrio entre estas duas dimensões, Guevurá e Chessed, é também um grande portal de realização, representado pelo equilíbrio entre o desejo de receber e o desejo de compartilhar.

8ª DIMENSÃO: A ALEGRIA

Jacó está morrendo na cama. Agonizando, ele chama Isaac, seu filho mais velho:

– Isaac, agora que estou morrendo, quero te mostrar uma coisa. Está vendo este relógio? Foi do seu tataravô. Depois passou para o seu bisavô. Depois foi do seu avô, e agora é meu. É bonito, não é, Isaac?

– É, meu pai.

– Quer comprar?

Essa pequena anedota introduz o estado de espírito necessário para se atingir as dimensões do mundo infinito. Você pode ter atingido todas as virtudes anteriores e terá conquistado uma vida maravilhosa no plano da ação e também em todo o seu aspecto emocional. Será, com certeza, uma pessoa espiritualizada e bastante realizada. Mas, para atingir a dimensão do mundo infinito, denominada Biná, é necessário algo mais. É necessário entusiasmo e principalmente ALEGRIA.

Faça um retrospecto dos professores que você teve durante a sua vida. Não era muito mais fácil entender a matéria daqueles que a apresentavam com humor e leveza?

Existem muitas pessoas que estudam todos os dias, praticam meditação com frequência e realizam todas as conexões possíveis em seus caminhos espirituais. Porém, fazendo tudo isso de maneira extremamente séria, com muita cobrança e pouquíssimo humor, eles acabam se desviando do caminho.

Mesmo nos momentos mais difíceis, nas situações aparentemente sem solução, precisamos às vezes reagir com bom humor e alegria.

9ª DIMENSÃO: A AUTOANULAÇÃO

Esta nona dimensão, denominada **Chochmá**, é alcançada por pouquíssimas pessoas. Quando atingimos a virtude da autoanulação, e isso só é possível em flashes, percebemos a nós mesmos como se fôssemos uma pessoa externa. Não existe mais aquele conceito tal como:

"Ah, como estou feliz que as coisas estão tão bem para mim!"

"Ah, como estou triste porque as coisas não acontecem como eu gostaria!"

Ao se atingir **Chochmá**, o ego é totalmente anulado e a sensação de liberdade é total, mas só é possível chegar a esse estado por curtos momentos.

10ª DIMENSÃO: A CERTEZA

Chegamos à última das dez dimensões, denominada Keter. Tudo que existe em nosso universo deriva da luz emanada inicialmente em Keter. A certeza, virtude de Keter, é a mais elevada de todas as virtudes da árvore da vida, uma vez que ela transcende a lógica.

Somente atingindo todas as virtudes da árvore da vida é que podemos entender o verdadeiro significado da certeza. E é nessa dimensão que o milagre torna-se possível, pois aqui não existem mais as limitações da matéria nem a dúvida. E a energia da dúvida é uma energia muito perigosa, porque nos remete ao medo e à estagnação, maiores obstáculos no caminho da autorrealização.

A luz emanada em Keter é a luz em sua forma original. Mas jamais poderíamos receber diretamente essa luz. Imagine que, em vez de ligar um aparelho de som a uma tomada, resolvêssemos conectá-lo diretamente na central elétrica. O que aconteceria? Uma explosão imediata. O mesmo aconteceria conosco se quiséssemos nos conectar diretamente à fonte de luz emanadora do universo. Por isso são necessários os filtros dessas dez cortinas que acabamos de estudar.

Quanto maior o obstáculo, maior a luz recebida

O estudo da árvore da vida nos ajuda a desentupir nossos canais receptores para que possamos ser preenchidos pela luz que vem do mundo infinito. Mas muitas são as vezes em que não conseguimos perceber essa luz, principalmente quando deparamos com problemas sérios e que acabam por nos enfraquecer.

Existe uma conhecida porção da Bíblia que carrega uma lição de vida, e que é sempre atual. É a história do patriarca Abrahão. Um homem que dedicou sua vida à ética e à mística em uma história recheada de obstáculos.

Abrahão e sua esposa, Sara, carregavam uma enorme frustração por não poderem ter tido filhos, já que ela era estéril. Como lhes causava muita tristeza a impossibilidade de procriação, a pedido de Sara, Abrahão teve um filho com a serva Agar. E assim nasceu Ismael.

Muitos anos mais tarde, Abrahão receberia três hóspedes em sua tenda. Sua vida andava muito fechada, limitada, e hóspedes são sempre um sinal de movimento, de saída do tedioso processo de previsibilidade. Conversaram por horas a fio até que um deles lhe disse que ele teria um filho com Sara. Aqueles eram mensageiros do eterno, e Abrahão sabia disso.

Sara ouviu aquilo e riu. Aquele era um casal muito especial e que enxergava muito além do aparente. Mas como poderia acreditar que ela, que sempre fora estéril, agora já velha, iria parir um filho? Não havia nenhum fundamento lógico naquelas palavras. Portanto, foi um riso misto, em parte porque estavam atônitos pela falta de fundamento daquela profecia e, em parte, de alegria, pois no íntimo sabiam que na dimensão divina tudo é possível.

De fato, alguns meses depois nasceria Isaac, o descendente desse riso significativo. Seu nome é um código, como quase tudo escrito na Torá, já que Isaac em hebraico significa "sorriso". Abrahão, nesse momento, completava 100 anos de idade e parecia encontrar a completa realização de sua existência.

Anos depois, entretanto, ocorreria o episódio mais marcante de sua vida: o sacrifício do filho Isaac. Este episódio é repleto de códigos subliminares, que os cabalistas há muito decodificaram. Na verdade, o sacrifício de Isaac seria o segundo na vida de Abrahão. O primeiro teria sido o de seu outro filho, Ismael.

Após o nascimento de Isaac, Ismael sentiu-se rejeitado e zombava muito de seu irmão menor. A serva também passou a se sentir ameaçada e tratar Sara de maneira muito rude. Assim, Sara acabou pedindo para o marido exilá-los.

Abrahão despediu-se com muitas lágrimas nos olhos e então exilou os dois para o Egito, terra de Agar, dando a eles provisões para a viagem. Agar em hebraico significa "estranha" e, de fato, apesar de terem se juntado para ter um filho, eles eram estranhos um ao outro e por isso precisavam se separar.

No caminho, enquanto Agar e Ismael cruzavam o deserto, as provisões acabaram. Chorando muito, e com medo de assistir à morte do filho, a mulher se afastou dali. A Torá relata então o aparecimento de um anjo, que disse a ela que o menino seria o guia de uma importante nação. Quando ela abriu os olhos, deparou com uma fonte de água, bem à sua frente. O menino Ismael sobreviveu, e dele descendeu a civilização árabe.

O grande milagre por trás desse episódio não se refere à fonte, mas sim à visão da fonte. O texto não menciona que Deus a tenha construído naquele momento. Ela apenas se conectou com uma consciência superior, com o mundo dos 100 por cento, e assim pôde ver o que já estava disponível.

Os anos se passaram, e Isaac cresceu. Os dias se repetiam, iguais. Mas Abrahão era um homem especial, um autêntico místico, e para pessoas assim não pode haver a repetição. Estas precisam estar sempre superando obstáculos e transformando a si próprias. Ele ouviu então uma voz. A mesma voz que lhe indicara que teria o filho tão desejado, e também tão impossível, em sua vida. A mesma voz agora lhe pedia o sacrifício desse filho. Era a prova de uma total entrega à sua certeza, da completa autoanulação.

Durante três dias pai e filho caminharam em direção ao sacrifício. Foi uma jornada repleta de reflexão, silêncio, amor e tristeza. Aqueles não seriam dias comuns e repetidos. Quando chegaram ao cume, não havia mais qualquer sacrifício a ser realizado. E a mesma voz lhe falou:

> "Não deves ferir teu filho. Provaste a perfeição de teu amor a Deus. Por isto, teu filho e os filhos do teu filho serão abençoados."

A faca não era necessária. Deus queria apenas testar a fé de seu homem, seu nível de entrega. Queria mobilizar aquela que era a relação mais intensa do mundo, de um pai e seu filho muito desejado. Trazer reflexões, resgatar o profundo e genuíno amor, a lembrança do inesgotável paraíso que é o momento vivido intensamente.

Voltaram os dois abraçados. Não eram mais os mesmos; eram novos, como Deus sempre quer que sejamos, sempre novos para nós mesmos. Mas não haveria muito tempo para descanso. Aqueles eram dois grandes homens, e para pessoas assim os obstáculos estão sempre se apresentando, pois precisam ser superados, para que um grande receptor de luz seja aberto para a humanidade.

Abrahão, como todos os demais personagens bíblicos, não era um super-herói. Era um homem comum, como qualquer outro, um pastor de ovelhas. Como tal, cometeu erros em sua vida e carregou culpas. Não foi um homem Deus, e aí reside a marca desses personagens que protagonizaram episódios antigos, mas que são sempre atuais.

O MESTRE DA INTEGRIDADE: MOSES LUZZATTO

Luzzatto foi um importante escritor, místico e praticante de Cabala. Durante seus breves 39 anos, adquiriu profundos conhecimentos místicos. Insatisfeito com o conhecimento disperso ao qual tinha acesso, reuniu à sua volta, em Pádua, um círculo de estudantes com tendências místicas.

O círculo praticava em segredo as meditações de Isaac Luria e estudava o Zohar incessantemente. Abstinham-se de comer carne e mesmo de matar insetos. A compaixão e a humildade precediam qualquer experiência mística.

Luzzatto repetia as fórmulas cabalísticas luriânicas com frequência cada vez maior, até que passou a "mergulhar" nas meditações, repetindo-as a cada 15 minutos. Em uma determinada noite foi despertado por uma voz que dizia: **"Vou revelar-lhe os segredos ocultos do santo rei!"**

A informação de que Luzzatto se comunicava com um Maggid do céu acabou chegando a um rabino ortodoxo, que se mostrou escandalizado com suas atividades místicas. Perseguido, Luzzatto foi obrigado a viajar com sua família para a Terra Santa, pensando que ficaria livre para recomeçar seus estudos. Lá, entretanto, sucumbiu à peste tão logo chegou e faleceu na cidade de Acre.

A questão central elaborada por Luzzatto foi a busca de nosso ser íntegro. Ele desenvolveu alguns dos principais aspectos relacionados à conquista de uma alma íntegra: a precaução, a humildade, o aperfeiçoamento e a compaixão.

PARTE 4

Transcendendo a mente

ד

Todos nós possuímos uma essência interior. Um estado de não mente. Nosso verdadeiro tesouro.

O homem atravessa desertos, mergulha nas profundezas dos mares e se aventura até mesmo pelo espaço para desvendar o mistério da vida. Mas se esquece de procurar no único lugar onde ele pode ser encontrado: dentro de si mesmo.

Meditações cabalísticas

O poder de realização da Cabala começa pelo entendimento de seus princípios fundamentais: o equilíbrio entre o desejo de receber e compartilhar, o reconhecimento de um inimigo interno, o abandono da reatividade, a percepção do mundo dos 100 por cento e também do poder que emana de cada palavra.

Mas o fato de percebermos que existe uma contrainteligência que nos sabota, clamando por nossa reatividade, não elimina a sua existência, nem a de seus principais instrumentos de trabalho, tais como a reatividade e a palavra negativa.

Precisamos, então, de ferramentas que nos permitam acessar as palavras-chaves no caminho da evolução humana:

ESCOLHA,

PROPÓSITO,

REFINAMENTO,

PERMANÊNCIA,

EQUILÍBRIO,

DISCIPLINA,

MISERICÓRDIA,

ALEGRIA,

AUTOANULAÇÃO

E CERTEZA.

Através dessas ferramentas poderemos contatar nosso espírito contemplativo, nosso desejo de compartilhar, enfim, nossas qualidades mais nobres. E as meditações cabalísticas são ferramentas fundamentais neste processo.

A combinação de letras sagradas em grupos de três deriva de um sistema muito poderoso denominado **72 nomes de Deus**. Elas têm o poder de fazer a reestruturação de nossa alma. Poderíamos classificá-las como uma alta **tecnologia espiritual**.

Por muitos séculos foram mantidas em segredo por um seleto grupo de sábios cabalistas, mas já era mais do que chegado o momento dessas meditações serem acessadas por um grupo maior de pessoas.

Da mesma maneira que H_2O forma uma molécula de água e CO_2 forma uma molécula de gás carbônico, a combinação dessas letras em trios gera potências com um enorme poder energético.

Derivadas das sequências dos 72 nomes de Deus, serão apresentadas a seguir diferentes sequências de três letras hebraicas, cada uma com um propósito específico. Foi em uma destas sequências que o médico cardiologista americano meditou na inexplicável cura de seu paciente.

É interessante que, ao escolher uma sequência, se trabalhe com ela pelo menos durante sete dias, uma ou mais vezes ao dia, injetando assim permanência no processo.

A meditação deve ser feita da seguinte forma:

1. Feche os olhos durante um minuto e respire lentamente, esvaziando gradativamente os pensamentos.
2. Abra os olhos e contemple as letras por aproximadamente cinco minutos, respirando de forma profunda e relaxada. Visualize sempre o contorno branco em volta da letra.
3. Opcionalmente, contemple as letras por mais dois minutos, entoando em voz alta as vocalizações correspondentes (para cada sequência é fornecida uma vocalização).

Mais uma vez, é importante lembrar que você não precisa acreditar que essas meditações funcionam. Experimente por você mesmo. Dê a elas e a você apenas um voto de confiança. Injete o desejo de receber e o desejo de compartilhar. O resultado virá naturalmente.

A maneira pela qual você conduzirá sua meditação será diretamente proporcional ao resultado obtido. Portanto, tente fazê-la em um momento em que você esteja em um ambiente silencioso. Se possível, acenda um incenso ou uma vela. E o mais importante: faça isso com alegria e não como uma obrigação. Com o passar dos dias, você estará cada vez mais afinado com o processo.

Nas próximas páginas estarão sendo introduzidas cinco diferentes meditações, extraídas dos 72 nomes de Deus. Elas são muito apropriadas para nos ajudar a superar os problemas mais comuns que assolam a humanidade e a transformar:

- o pensamento negativo em pensamento positivo;
- a falta de prosperidade em prosperidade;
- a doença em saúde;
- a falta de afeto em amor
- e a dúvida em certeza.

No Apêndice 2 você encontrará um breve resumo com o significado de cada um dos 72 diferentes nomes.

ELIMINANDO OS PENSAMENTOS NEGATIVOS

עלם

Vocalização: Olam

Os pensamentos negativos são a origem de uma série de atitudes erradas que tomamos em nossas vidas. Sempre que agimos de uma maneira destrutiva, prejudicando uma outra pessoa ou a nós mesmos, essa ação é originária de um pensamento negativo. Lembra da teoria das sementes? Cada pensamento negativo funciona como uma pequena semente. E, quando você se dá conta, sua vida está em total desequilíbrio.

Esta sequência energética foi descoberta há milhares de anos e ajuda muito na eliminação dos comportamentos obsessivos e compulsivos, limpando a nossa mente. Medite alguns minutos sobre ela, refletindo sobre a qualidade de seus pensamentos e posteriormente esvaziando sua mente. A cada pensamento que vier, reconheça-o e liberte-o. Não se prenda a nenhum deles. Durante esse tempo, mantenha um padrão de respiração utilizando todo o ar que lhe é disponível.

ATRAINDO PROSPERIDADE

סאל

Vocalização: Seal

Esta meditação é especialmente recomendada para atrair prosperidade. Uma prosperidade que não está relacionada ao quanto você ganha, mas sim ao quanto você produz e compartilha com o que ganha. A prosperidade pode ser compreendida sob diversos aspectos.

Um primeiro aspecto se refere ao sustento e à possibilidade de encontrarmos o talento que nos permita ter um ofício e que possibilite atendermos nossas necessidades materiais.

Existem, no entanto, muitos outros aspectos referentes à prosperidade e que atingem pessoas de qualquer classe social. Não são raros os casos de pessoas riquíssimas, que já têm o sustento garantido por várias gerações, e que mesmo assim perdem uma energia imensa economizando.

Esse tema aflige a grande maioria da humanidade, e deixar de ser controlado por ele é uma grande libertação. Até porque é sempre bom lembrar que, de material, não levamos nada desta vida.

SAÚDE

מהש

Vocalização: Merrash

Produzimos movimentos de falência em nosso organismo que culminam em doenças de várias maneiras, como, por exemplo:

- Acúmulo de raiva e tristeza dentro de si, gerando um desequilíbrio interno que culmina na manifestação de doenças.
- Autodestruição: comer, beber ou fumar em excesso.

A Cabala nos ensina que a grande maioria das doenças está ligada ao nosso espírito reativo e por isso nossa saúde tem relação direta com nossa consciência. E essa meditação é recomendada para atrair a consciência de saúde.

Quando você ou algum ente querido estiver com problemas de saúde, experimente visualizar essa sequência de letras durante alguns minutos, projetando toda a energia de cura para um copo de água. O copo deve ser de água mineral e deve ser segurado com a mão direita. Depois, deve ser bebido de uma só vez.

Os antigos cabalistas já diziam que a água carregava os segredos da cura e longevidade para a espécie humana, e a água é realmente uma substância ímpar. A única encontrada em três estados diferentes: líquido, sólido e gasoso. Como se não bastasse, cerca de 70 por cento da superfície do planeta e também dos seres vivos é formada de H_2O.

Existe uma pesquisa muito interessante, que pode ser encontrada no livro *A mensagem da água*, e também na internet, onde o Dr. Masaru Emoto, cientista japonês, mostra o resultado da experiência que fez fotografando moléculas cristalizadas de água.

Ele demonstrou como o efeito de sons, pensamentos e sentimentos altera a estrutura molecular da água. A técnica de sua pesquisa consistiu em expor a água a essas situações, congelá-la e depois fotografar os cristais formados por suas moléculas.

O trabalho foi concluído em 1999 e provou, através de fotos microscópicas, que a água apresenta uma mensagem essencial para o ser humano. O Dr. Emoto tirou fotos de moléculas de água submetidas a diferentes qualidades de energia, como, por exemplo:

- a alguns minutos de música clássica;
- a uma corrente de oração;
- à voz de Adolf Hitler;
- extraídas de um rio poluído;
- extraídas de uma nascente.

O resultado científico não deixa nenhuma dúvida da importância de um trabalho de energização da água que ingerimos. As fotos das moléculas submetidas à música suave ou às correntes de orações eram lindas e harmônicas, enquanto as fotos da água submetida a péssimas qualidades de energia, como, por exemplo, a voz de Adolf Hitler, mostraram-se assustadoras. Já um simples "muito obrigado" mudou por completo a aparência do cristal de água.

Como 70 por cento de nosso corpo é composto de água, o resultado final do trabalho leva à conclusão de que as palavras e os pensamentos ruins farão tão mal para nossa saúde quanto a água poluída, assim como as palavras e os pensamentos positivos serão para nosso corpo como a mais pura água da nascente.

Vou contar um caso verídico. Há vários anos descobri que minha gata Miau, eterna companheira, estava com altas doses de ureia no sangue, devido a um processo de insuficiência renal, associado à sua idade. Naquela época ela tinha quase 16 anos. Os prognósticos de vida variaram de alguns dias a alguns meses.

Como não havia medicamento que lhe pudesse ser dado naquela situação, comecei a energizar um copo de água todos os dias pela manhã (recitando também uma poderosa oração cabalista). Anos mais tarde, ela se apresentava mais viva do que nunca. O mais interessante nisso tudo é que ela passou a me acordar todos os dias, só sossegando após receber seu ritual de cura. Os amigos e familiares ficaram tão intrigados com o episódio que resolveram registrá-lo em vídeo.

AMOR

ההע

Vocalização: HaHa

Esta meditação é recomendada para equilibrar nossa energia afetiva. A energia de afeto circula dentro de nós e somos nós, portanto, os únicos responsáveis pela qualidade de pessoas que atraímos para perto de nós.

Muitas são as pessoas que se queixam de não conseguir estabilizar suas vidas afetivas. Que estão sempre sozinhas, mas quando estão com alguém ficam piores do que antes.

A grande verdade é que ninguém encontra uma alma gêmea por acaso. Para encontrar um grande amor é preciso estar pronto e preparado para amar. Uma pessoa em curto-circuito, repleta de desejo de receber só para si, não vai encontrar uma grande paixão, jamais. Vai encontrar, sim, um parceiro para que possa projetar todas as suas angústias e sofrimentos e, assim, ser responsabilizado por todas as suas insatisfações.

Meditando nessa sequência você estará ampliando sua capacidade de amar e de ser amado.

ELIMINANDO A DÚVIDA

ערי

Vocalização: Ari

Um dos maiores obstáculos para a evolução da nossa consciência é a energia de dúvida, e esta meditação é especialmente recomendada para eliminar essa energia, que tanto consome e que não leva a lugar algum.

A dúvida tem uma relação muito íntima com o medo. Você já reparou como é comum sentirmos medo quando estamos com dúvida e sentirmos dúvida quando estamos com medo? Ambos são mecanismos utilizados pela contrainteligência para nos fazer esquecer de nós mesmos.

Essa meditação também é recomendada para superar traumas causadores de padrões obsessivos, tais como ansiedade e vícios.

O MESTRE DA MEDITAÇÃO: ABRAHAM ABULAFIA

Abulafia foi provavelmente o mais revolucionário dos mestres da Cabala. De uma antirracionalidade notável para sua época, ele desenvolveu uma série de manuais de permutação de letras hebraicas, base de seu trabalho.

Combinando e permutando as letras, quase sempre à noite e à luz de velas, os discípulos de Abulafia experimentavam profundas experiências místicas, intensos estados de transe. Abulafia definiu um conjunto de sete estados de alma (midot) para seus discípulos:

1) Devoção sem ambição
2) Paciência
3) Desejo de compartilhar
4) Humildade
5) Autocontrole
6) Capacidade de autoavaliação
7) Capacidade mental

Um episódio marcante de sua vida aconteceu no ano de 1280, quando ele se dirigia a Roma sem saber que o papa já havia lhe condenado à morte. Antes de entrar na cidade ele passou uma noite inteira em meditação. Quando chegou a Roma, pela manhã, foi informado de que o papa havia morrido naquela noite. Assim, escapou da sentença de morte.

Diferentemente de seus contemporâneos, Abulafia abriu seus ensinamentos e práticas para todo aquele que mostrasse real interesse no caminho do autoaperfeiçoamento.

Parte 5

Poder de realização da Cabala

ה

A cada momento uma grande oportunidade.

A consciência de que a qualidade de nosso receptor é o grande responsável por tudo que nos acontece é fundamental no caminho da realização pessoal.

A maioria de nós passa grande parte do tempo preocupada, desatenta às palavras que ouve e pronuncia, e desconectada do momento presente. Por isso, precisamos parar e nos perguntar se estamos aproveitando esta grande oportunidade chamada vida.

A liberdade

Precisamos mais do que nunca ver através das cortinas e acessar a consciência de nossa totalidade. Abandonar a escravidão do mais aparente, do delimitado, que nos faz passar a vida repletos de insatisfações, doenças, falta de propósito e medo de compartilhar.

Existe uma história bíblica, muito conhecida, que fala dessa liberdade, porta de entrada para um caminho de autorrealização. Seu personagem central chama-se Moisés, responsável por retirar um povo da escravidão. Tudo nessa história possui um significado, uma lição de vida, a começar pelo próprio nome de Moisés, que em hebraico (Moshé) significa "retirar".

O texto conta que quando um novo faraó subiu ao trono no Egito, há cerca de 3.500 anos, decretou que todo filho homem nascido de hebreus deveria ser morto. A mãe de Moisés havia acabado de dar à luz e escondeu-o enquanto pôde. Mas quando percebeu que não seria mais possível ocultá-lo, deixou-o em uma pequena cesta às margens do rio Nilo.

A filha do faraó encontrou o bebê e acabou criando-o com grande afeto, como se fosse seu próprio filho, com todo o conforto e acesso à educação. Um dia, já crescido, Moisés resolveu sair do palácio e ver o que se passava fora dele. Ao defender um escravo hebreu que era surrado violentamente por um egípcio, acabou matando o egípcio. E por isso teve que se afastar.

Durante o exílio, Moisés viveu em uma cidade vizinha. E foi lá que ele recebeu pela primeira vez a revelação de Deus. Moisés caminhava à luz do dia, em profundo estado meditativo, quando deparou com uma sarça ardente. A sarça era uma planta comum naquela região; um tipo de arbusto que pegava fogo com frequência, devido ao forte calor. No entanto, o arbusto pegava fogo e jamais se consumia, mantendo-se ileso. Foi assim que Moisés pela primeira vez viu a face de Deus.

É interessante observar que a primeira revelação de Deus a Moisés se deu através de uma planta comum, em uma situação comum, quando ele olhava para baixo. Normalmente temos a ideia de que uma revelação de Deus deveria se dar em uma grande aparição no céu, em uma noite magnífica. Mas Deus está em todo lugar. Para aquele que está preparado, tomado pela consciência da humildade (e ele olhava para baixo), essa revelação pode se dar a qualquer momento. Toda ocasião pode ser especial.

Naquele instante, Moisés era eleito para libertar os hebreus da escravidão. Ele questionou como poderia fazer aquilo, mas recebeu apenas como resposta do eterno: "Eu estarei contigo."

Nessa pequena frase há uma interpretação das mais importantes para o cabalista: a confiança. Por quantas vezes na vida não deparamos com situações de extrema dificuldade, em que aparentemente não temos como prosseguir em nossa missão? Nesses momentos, se temos um propósito verdadeiro, algo pelo qual valha realmente a pena lutar, precisamos simplesmente seguir em frente, sem considerações lógicas ou medo, apenas com a confiança de que não estamos sós.

Foi imbuído dessa confiança que Moisés se dirigiu ao faraó e, por dez vezes, pediu a libertação de seu povo. O faraó jamais o atendia. E para cada negativa uma diferente praga era enviada sobre aquela terra. Dez pragas relacionadas a cada uma das dez dimensões da árvore da vida.

O faraó mencionado no texto representa nosso ego exacerbado, que nos faz esquecer que somos parte de um todo muito maior, e nos impele ao desejo de receber só para nós mesmos. É a pura visão da casca. Tanto que os faraós, ao morrer, retiravam os órgãos e mumificavam o corpo, ou melhor, a casca do corpo, levando tudo que tinham com eles: o corpo mumificado, seus tesouros e até mesmo seus servos.

Os hebreus, em número de 600 mil, partiram em retirada. No entanto, não tardou e o faraó, em um acesso de fúria, ordenou que seus soldados perseguissem os hebreus.

A Bíblia descreve, então, colunas de nuvens entre os hebreus. A palavra hebraica para nuvem é *av* (letras *ayin* e *beit*). Como na língua hebraica as letras também representam números, essa palavra pode ser lida também como "72" (já que o valor de *ayin* = 70 e o de *beit* = 2).

Descobriremos, então, que essas colunas eram na verdade os **72 nomes de Deus**, poderosa ferramenta de meditação cabalística que, usada por alguém como Moisés, poderia fazer qualquer milagre neste mundo. E foi assim que Moisés "abriu o mar".

A tradução literal desse episódio revela que Moisés abriu o "mar do fim" (Iam Suf), que em hebraico é similar a dizer o "mundo infinito" (Ein Sof). Portanto, ele abriu, naquele momento, um receptor para o mundo infinito, e nessa dimensão qualquer milagre é possível.

Embora repleta de parábolas, o significado mais profundo por trás de toda a história da travessia hebraica do Egito até a Terra Prometida se refere a uma situação de escravidão, à qual a grande maioria dos seres humanos está submetida.

O **Egito** é uma palavra-código para nosso comportamento repetitivo e escravo, representado principalmente pelo desejo de receber só para si. É comum recebermos preciosos sinais do caminho que devemos tomar e, ainda assim, continuarmos a cair nas mesmas armadilhas, repetindo os mesmos padrões compulsivos, e nos afastando do caminho da luz.

A **travessia do deserto** é o caminho longo, árduo e cheio de dificuldades que percorremos para sair desse estado de escravidão aos nossos egos e chegar a uma nova consciência.

Finalmente, a **Terra Prometida**, ou Sion, aponta para um estado elevado de consciência, onde compreendemos o lugar que ocupamos na existência e atingimos a dimensão do amor. E nesse estado não há espaço para o medo.

Mas essa história estava longe de acabar na abertura do mar, até porque fenômeno algum provoca uma real modificação na consciência das pessoas. Dias após um milagre que mudaria a história do mundo, a grande maioria do povo já estava insatisfeita, reclamando das condições do deserto, muitos questionando se a vida como escravos no Egito não era melhor.

Os hebreus caminhariam (duas vezes) por quarenta anos no deserto. O número **quarenta** aparece muitas vezes na Bíblia e se refere a uma maturidade necessária para se atingir o verdadeiro conhecimento. É preciso estar preparado para chegar à Terra Prometida. Na verdade, podemos acessá-la a qualquer momento, mas para sustentá-la é necessário preparo.

Sair do mundo da escravidão significa mergulhar em um mundo desconhecido, para uma travessia muito longa e difícil, e somente com propósito e determinação podemos atravessar esse deserto.

Transpondo os maiores obstáculos

Dentre uma sabedoria tão vasta, como esta que viemos estudando, qual seria o segredo especialmente valioso, somente revelado para aquele que se compromete realmente com o caminho? Quais seriam os ensinamentos secretos cabalísticos, aqueles que vêm sendo transmitidos sempre oralmente, de mestre para discípulo, há vários milênios?

Um segredo assim tão especial só poderia ter relação com uma questão-chave para os seres humanos. Aquilo que mexe fundo em cada um de nós. Um último e necessário obstáculo com o qual teremos que nos deparar em nossas vidas: o fim de nossa existência no mundo físico.

Nossa vida é marcada por obstáculos, confrontos que começam em nossa primeira respiração e nos acompanham até nosso último suspiro. Durante esse percurso, todos sabemos que existe um último obstáculo à nossa espera. Um confronto inerente a todo e qualquer ser vivo. Como uma sombra que nos acompanha, ele está sempre por perto. E este pensamento nos traz muito medo e tira alegria de nossas vidas.

Mas não somos apenas nós, seres humanos, que temos medo desse último confronto. A grande maioria dos seres vivos também tem. De certa forma, até as árvores carregam esse temor. Mas não há como aceitar o início e negar o fim. Se não existisse um, não existiria o outro. São dois polos opostos de uma mesma energia. Um precisa do outro.

Porém, a maior tragédia não é exatamente o fim de nossa existência física. É, sim, quando ainda há oportunidade e nós não a aproveitamos, sempre adiando para um dia seguinte.

Entender plenamente a morte é trazer consciência à vida, tornando-a intensa e radiante. Existe, no entanto, uma outra opção: o medo. Embora seja parte de nosso sistema instintivo, o medo não ajuda. Nosso medo está intimamente relacionado a uma frustração, não exatamente pelo fato de morrermos, mas por imaginar que nossa existência seja desprovida de qualquer significado. Como uma árvore que cai em meio a uma floresta. Pensamos então: que falta faríamos para o mundo?

O psicólogo Carl Jung, em *Um homem moderno à procura de uma alma*, cita o poder devastador de uma vida não significativa. Ele diagnostica o problema de grande parte de seus pacientes não como neurose, mas como resultante da falta de sentido de suas vidas vazias. Uma neurose geral de nossa época.

Talvez o nosso grande medo não seja realmente da morte. Talvez seja muito mais assustador pensar que tenhamos vivido sem ter descoberto o que é a vida. Como se antes de dormir fizéssemos uma reflexão da intensidade com que vivemos aquele dia e percebêssemos que foi apenas um dia a mais, ou melhor, um dia a menos.

Quando sonhamos, nosso sonho se parece tão ou mais real do que a realidade quando estamos acordados. De repente acordamos, e aí pensamos: isto não era real. Agora, sim, estou vivendo o mundo real. Mas este mundo real em que vivemos também não pode ser uma espécie de sonho? Ao acabar não pode vir à tona a mesma sensação que temos ao acordar de um sonho?

De certa forma, não existe o estar sonhando ou o estar acordado. O que existe é estar focado em uma ou outra dimensão. Quando sonhamos, estamos em uma dimensão. Quando acordamos, passamos a habitar outra dimensão. E quando abandonamos nosso corpo, também nos dirigimos a uma outra dimensão.

O que é grave nisso tudo é que a grande maioria das pessoas escolhe passar a vida dormindo. Porque a ausência de consciência é um grande sono. Passar a vida se lamentando, falando mal dos outros, agindo de maneira reativa, enxergando apenas o mundo dos 10 por cento como se fosse a totalidade, é deixar passar a oportunidade. Uma grande oportunidade que é a vida.

A presença desse último obstáculo funciona então como um lembrete, em que está escrito: "Você está aproveitando esta oportunidade?"

E é plenamente possível recebê-lo sem medo, de maneira contemplativa. Os iogues chamam esse estado de mahasamadhi. A derradeira vez que um iogue abandona conscientemente seu corpo.

E foi assim que um grande mestre iogue do século XX escolheu, aos 58 anos, se despedir deste mundo. Durante uma festa em sua homenagem na Califórnia, Estados Unidos, realizando o desfecho de uma vida realmente significativa, para ele e para milhares de seguidores, sentou-se e entrou em profunda meditação. A última meditação.

Mas sua existência, recheada de situações miraculosas, não se encerraria por aí. Conforme descrito no livro que relata a história de sua vida, *Autobiografia de um iogue*, mesmo vinte dias após a sua morte, o corpo de Yogananda não apresentava qualquer traço de decomposição.

Yogananda conheceu a Terra Prometida em vida, ainda muito jovem. Percebeu muito cedo que o domínio do espaço era uma ilusão passageira e se dedicou à oportunidade de viver o tempo. Chegou um momento em que ele já tinha conhecido os maiores mistérios desta vida, já havia influenciado e preparado muitas pessoas para dar prosseguimento a seu trabalho, e assim realizou sua passagem, da maneira que ele sempre anunciara, com tranquilidade e leveza.

Como Yogananda, Isaac Luria, sábio cabalista que viveu no século XVI, também deixou uma mensagem especial para nosso mundo. Luria foi um grande mestre de uma época e lugar muito especiais na história da Cabala. Aos 38 anos, ele adoeceu de forma súbita e, sabendo que chegara sua hora de partir, chamou os discípulos e recitou a sagrada oração "Shemá". Para surpresa de seus discípulos, ele não completou a oração.

Luria foi um justo, o que na Cabala corresponde a um ser que atingiu a iluminação. Não terminar a oração era uma forma de espantar qualquer traço de vaidade. E Luria teve uma vida muito significativa. Até mesmo o seu último suspiro foi intenso e profundo.

Um mestre cabalista possui profundo grau de conhecimento sobre a essência da vida. Possui também ferramentas que permitem a ele realizar curas inexplicáveis pela ciência, e por isso denominadas milagres, já que atua em um mundo de totalidade, muito mais abrangente que o mundo dos 10 por cento aparentes.

No entanto, o mais precioso segredo cabalístico não se encontra em nenhuma dessas técnicas de cura ou milagres. O maior dos segredos vem resgatar aquilo que traz significado e alegria para nossas vidas: nossa autorrealização.

A realização de uma vida significativa

Diferentemente do que a propaganda nos leva a acreditar, o processo autêntico de realização não vem através de conquistas exteriores, fama ou riqueza. A verdadeira realização, aquela que vem acompanhada de saúde e bem-estar, brota de dentro de nós mesmos.

Um grande mestre da escola chassídica, Rebe Yossef Yitchak, também conhecido como o Rebe Anterior, ensinava que as coisas mais necessárias na vida são inversamente proporcionais ao seu custo.

Ele dizia que uma joia de ouro com diamantes pode valer mais do que muitas casas e, obviamente, não é nada essencial à manutenção da vida. Uma habitação já é algo muito mais importante, e com valor inferior ao das melhores joias. Já a comida é essencial e, por isso, é muito mais acessível que os itens descritos anteriormente. Ainda mais essencial que a comida é a água, e portanto é a mais barata de todos os itens. Agora, o mais essencial de tudo, aquilo que não podemos prescindir nem por cinco minutos, é o ar. E este é gratuito.

Assim também acontece com as pessoas. Faça uma breve lista das pessoas mais felizes que você conhece. Pronto? Bem, em 99 por cento dos casos elas não são as mais ricas, as mais lindas, nem as mais famosas. Provavelmente, as pessoas mais felizes que você conhece são as mais generosas e que mais compartilham. Aquelas que se preocupam com os outros. Elas não tentam adquirir a felicidade. Elas encontram a felicidade como consequência de um modo de viver.

Uma história muito interessante é a do sueco Alfred Nobel, que era químico e fez fortuna ao inventar novos explosivos. Um dia seu irmão morreu e um jornal publicou, por engano, o obituário de Alfred. No obituário, ele era identificado como o homem que fizera fortuna ampliando a capacidade de destruição dos exércitos.

Nobel ficou chocado ao pensar que iria ser lembrado como o mercador da destruição. A partir desse momento, resolveu modificar em 180 graus o rumo de sua vida e passou a usar sua fortuna para criar o Prêmio Nobel, homenageando as conquistas científicas, artísticas e literárias benéficas à humanidade. E ele acabou sendo lembrado por isso, e não pelos seus explosivos.

Foi no final de sua existência que Nobel descobriu o antídoto para o medo, aprendendo a aproveitar a grande oportunidade que é a vida, vivendo-a de forma realmente significativa.

Mas quando vivemos apenas no mundo da aparência, encoberto pelas cascas, imbuídos do desejo de receber só para si e pelo comportamento reativo, começamos a sentir muito medo. Medo que acaba se traduzindo em desequilíbrio psicológico, doenças físicas e um pânico total a respeito da ideia da morte.

No entanto, quando vivemos a vida intensamente, desejando receber e compartilhar tudo o que nos for possível, de maneira contemplativa e guiados por um propósito, esse medo desaparece por completo e é substituído por uma enorme confiança.

Essa confiança amadurece dentro da gente até que se transforma em certeza. Uma certeza que transcende os limites da lógica e torna possível toda e qualquer realização pessoal. Pode ser a cura de uma doença diagnosticada como incurável. Ou a saída de uma trágica situação financeira. Ou mesmo o encontro de um grande amor.

Pois nós sabemos que não existe realização segmentada. Se uma pessoa é muito bem-sucedida profissional e financeiramente, mas sua vida afetiva e familiar é um caos, ela está muito longe de ser uma pessoa realizada. Se outra pessoa está muito feliz em seu casamento, vive rodeada de amigos, mas está sempre envolvida com dívidas e dificuldades em sua sobrevivência, esta também não consegue se realizar.

Assim sendo, a verdadeira realização, aquela que envolve todas as dimensões da árvore da vida, exige, acima de tudo, equilíbrio. Sucesso profissional, afetivo, financeiro, material e espiritual. E isso tudo está ao alcance de todos nós. Demanda, em última instância, um grande desejo de receber e compartilhar a inesgotável luz emanada pelo mundo infinito.

O MESTRE DA CELEBRAÇÃO: BAAL SHEM TOV

A história da vida de Israel Baal Shem Tov é cercada pelo mistério. Como o fundador do movimento conhecido como chassidismo, muitas lendas cresceram em torno dele, e é difícil precisar o que realmente é fato histórico.

Baal Shem Tov nasceu na Ucrânia e seus pais faleceram quando ele era ainda uma criança muito pequena. O menino foi criado pela comunidade e recebeu a mesma educação das crianças ao seu redor, mas era diferente delas. Quando adolescente, lhe foi dado um trabalho como guarda na sinagoga local, onde teve a oportunidade de aprofundar seus estudos e, de forma secreta, se iniciar nos mistérios da Cabala.

Acabou se casando com a filha do rabino. Porém, devido à forte resistência de seu cunhado, que não aceitava a união, mudou-se com a esposa para as montanhas, onde meditou por vários anos.

Finalmente, aos 36 anos, no ano de 1734, revelou-se ao mundo. Seu cunhado, que antes o desaprovara, reconheceu sua santidade e tornou-se seu primeiro discípulo. Baal Shem Tov tinha poderes de cura impressionantes e atraiu multidões de seguidores em busca de curas e bênçãos.

Ele enfatizou todo o seu trabalho na entrega ao "aqui e agora", através da alegria da celebração do divino pela oração, pelo canto e pela dança. Baal Shem Tov trouxe grandes inovações ao pensamento de sua época, enfatizando que o entusiasmo, muito mais que o sofrimento, era o caminho para o homem se unir à dimensão do sagrado.

Considerações finais

Os ensinamentos abordados neste livro são a base fundamental de uma sabedoria de milhares de anos.

É realmente incrível que um conhecimento tão precioso tenha resistido a tantas guerras, revoluções, queda e ascensão de impérios, modificações da natureza e, mesmo, a uma imensa modernização de nosso mundo. E isto não pode ser por acaso. Somente uma sabedoria muito fundamentada poderia resistir ao tempo.

Essa é uma sabedoria essencialmente prática, e por isso precisa ser experimentada. E a experiência se inicia pela observação constante de nós mesmos:

- observar se nos comportamos de maneira contemplativa ou reativa;
- observar a qualidade das palavras que proferimos e escutamos;
- observar qual o desdobramento de cada desejo nosso. Se desejamos receber para compartilhar ou somente para nós mesmos.

Em um movimento que parte de dentro para fora, a prática da Cabala traz, acima de tudo, o entendimento de que somos causa e não efeito de tudo aquilo que nos acontece.

Existem muitas conexões que, se realizadas com entendimento, ajudam muito a lembrarmos de nós mesmos e do que estamos fazendo aqui e agora. São muitas as meditações disponíveis, e é fundamental que possamos praticá-las, pois não conseguimos acessar o mundo dos 100 por cento apenas pela via intelectual.

E, finalmente, é importante ressaltar que o cabalista precisa da referência de um grupo. É muito fácil cair no esquecimento quando estamos sozinhos. Precisamos estudar juntos e lembrar uns aos outros que temos um propósito maior nesta existência. Você pode conhecer o nosso grupo através do endereço na internet: www.portaldacabala.com.br.

Mas não esqueça! Esses ensinamentos precisam ser experimentados. Pratique-os e tenha certeza de que muita coisa em sua vida irá mudar. Existe uma dimensão de realização muito mais profunda do que a de reproduzir para dar continuidade à espécie.

Os apêndices finais são referências específicas a três importantes temas da sabedoria cabalística: a astrologia, a numerologia e a meditação.

Ian Mecler
ian@mecler.com.br

Apêndice 1

Astrologia cabalística

ו

Existe uma questão fundamental do pensamento cabalístico: entre o espaço e o tempo, escolha o tempo.

ESPAÇO × TEMPO

Para compreender o significado da astrologia cabalística precisamos, primeiramente, entender duas variáveis que regem toda a nossa existência física: **espaço e tempo.**

Se viermos a observar a primeira menção de santificação na Bíblia veremos que ela aparece não em relação a um objeto do espaço: um altar, um rio ou uma montanha, mas sim na santificação de um objeto do tempo: o sétimo dia. Logo no início da Bíblia encontramos: "E farás do sétimo dia um dia santificado."

O cabalista sabe que a Bíblia é um livro divino, mas totalmente codificado. E o primeiro código implícito nessa frase é que no pensamento cabalístico o tempo é mais importante que o espaço.

A maioria de nós trabalha considerando as coisas do espaço. Utilizando grande parte de nossa energia para o trabalho, buscamos melhores condições que nos permitam comprar uma casa melhor, dar maior segurança para a nossa família e adquirir todos os aparatos tecnológicos que a vida moderna nos propicia. Pagamos tudo isso com o nosso tempo, que se torna cada vez mais escasso.

O tempo, por sua vez, possui características bem diferentes do espaço. Cada um de nós ocupa com exclusividade uma porção de espaço. Dois corpos não ocupam um mesmo espaço. Todavia, ninguém possui o tempo. Não há momento em que eu o possua exclusivamente. Jamais conseguimos dominar o tempo. Mesmo o homem mais rico e poderoso do mundo sucumbirá ao tempo.

Depositamos, assim, as frustrações com a nossa fragilidade em relação ao tempo na obsessão da posse, no domínio do espaço. Mas, enquanto o homem domina o espaço, o tempo domina o homem.

Pois é diante desse dilema que surgem as fendas no tempo. A primeira delas é o sétimo dia que, não por acaso, todas as tradições adotaram. Como um grande presente do tempo, passamos a celebrar um dia para romper com o processo robotizado de trabalhar e consumir. Então, nesse dia, nos é oferecida uma possibilidade adicional de entrega à alma e ao corpo. Um dia para sorrir, festejar, amar, meditar, estar com a família e os amigos. Enfim, um dia para recarregar nossas almas e ter a oportunidade de começar tudo de novo.

Mas existem outras importantes fendas no tempo. E é aí que começamos a compreender a astrologia cabalística. Com um enfoque distinto da astrologia tradicional, onde procuramos responder as perguntas de nossa alma através de nosso mapa natal, no enfoque cabalístico o direcionamento está nas conexões que fazemos todos os meses. Assim, a cada mês, nos conectamos com o que há de melhor naquela energia vigente, para poder, gradativamente, nos tornar seres humanos mais completos e realizados.

As 12 qualidades de energia representadas pelos 12 signos são, na verdade, 12 partes de um ser maior, uno. Algo que só acontece na união de muitas partes, jamais na separação.

Todo o ensinamento da astrologia cabalística é baseado nas 22 diferentes qualidades de energia representadas pelas 22 letras hebraicas. Essas letras possuem uma correspondência direta com todas as coisas que existem. Nesse caso, os signos, os planetas e os elementos.

Estas 22 letras são divididas em três grupos:

- **3 letras mães** – Representam os quatro elementos primordiais (Água, Ar, Fogo e Terra).
- **12 letras constelações** – Representam cada uma das 12 diferentes constelações.
- **7 letras planetas** – Representam cada um dos sete principais planetas. Os planetas descobertos mais recentemente – Urano, Netuno e Plutão – não fazem parte desse estudo.

A seguir apresentaremos uma breve referência dos quatro principais elementos, representados pelas letras mães, e as 12 conexões disponíveis a cada mês, representadas pelas constelações e pelos planetas.

OS QUATRO ELEMENTOS

Os quatro elementos primordiais – Fogo, Ar, Água e Terra – estão associados a tudo que existe no mundo material, e assim sendo cada um dos 12 signos é relacionado com um destes quatro elementos.

O Fogo – Intuição (Letra Shin) שׁ

O elemento Fogo está associado ao espírito, à fé, ao entusiasmo com que nos apaixonamos pela vida. É o puro prazer da expansão em busca de um significado. A energia dos signos de Fogo está relacionada à vitalidade, à espontaneidade, à alegria de viver e a uma confiança quase infantil no destino. Os signos de Fogo são:

Áries ה

Leão ט

Sagitário ס

O Ar – Pensamento (Letra Alef) א

Distanciado da natureza instintiva, relaciona-se com a capacidade de distinguir as coisas e relacionar as experiências através do desenvolvimento da mente e do raciocínio. Através do Ar somos capazes de comunicar a nossa experiência. A energia disponibilizada pelos signos do Ar é conhecida por um potencial mental, relacional e de comunicação. Os signos do Ar são:

Gêmeos ז

Libra ל

Aquário צ

A Água – Sentimento (Letra Mem) מ

O elemento Água está relacionado diretamente ao mundo do inconsciente, ensinando-nos sobre a subjetividade emocional. É indispensável para o ser humano, mas seu excesso costuma trazer diversos distúrbios psíquicos. A energia dos signos de Água é conhecida pelo seu potencial emocional, de transformação e transcendência. Os signos de Água são:

Câncer ח

Escorpião נ

Peixes ק

A Terra – Sensação (Alef, Mem e Shin combinadas) שמא

O elemento Terra representa o mundo dos sentidos físicos e dos objetos com os quais nos relacionamos. É a Terra que dá forma e confere solidez e estrutura a tudo o que existe. Os signos de Terra liberam uma energia de contato com a realidade do mundo material. Eles encontram na paciência e perseverança suas principais características. Os signos de Terra são:

Touro ו

Virgem י

Capricórnio ע

UMA IMPORTANTE CONEXÃO A CADA MÊS

É costume entre os cabalistas de todo o mundo celebrar uma meditação muito especial na entrada de cada Lua Nova. Essa é uma oportunidade de nos conectarmos à energia do signo que se apresenta e adquirir as melhores qualidades daquele padrão de energia. Nesse momento plantamos a semente de todo um mês, e uma conexão adequada gera frutos por todo aquele período.

A seguir apresentaremos cada um dos 12 signos com seus respectivos quadros de letras para meditação. Apresentamos, também, uma tabela com a data de entrada de cada Lua Nova nos próximos anos para que você possa sempre realizar essa meditação.

A meditação consiste em visualizar por alguns minutos as duas letras relacionadas ao mês vigente, respirando com atenção e permitindo receber as vibrações emanadas por elas. Essa meditação pode e deve ser estendida a todos os dias daquele mês. Lembre-se, no entanto, de que o mês cabalista começa e termina a cada mudança de Lua Nova.

1 – ÁRIES

A energia de Áries está associada à impulsividade. O aspecto positivo desta energia se relaciona a uma maior possibilidade de se iniciar novos empreendimentos. O aspecto negativo refere-se a uma acentuação do comportamento reativo, característico do carneiro animal.

A letra Dalet está associada ao regente de Áries, Marte, planeta da luta, e representa o desejo de receber. Algumas religiões condenam o desejo de receber. O pensamento cabalístico não funciona dessa maneira. Você não pode dar o que não tem. Primeiro é necessário abrir espaço para receber e, então, tendo alguma coisa para dividir, compartilhar.

A letra Hei é associada a Áries. Relacionada ao pensamento e à comunicação através da consciência. A meditação nestas letras ajuda a conter a reatividade, ampliando também nossa capacidade de iniciar novos empreendimentos.

ÁRIES – NISSAN

ה	ד
HEI	DALET

LUA NOVA EM:

09/04/16, 28/03/17, 17/03/18, 06/04/19, 26/03/20.

2 – TOURO

A energia de Touro é relacionada à busca de segurança e harmonia. Após o impulso inicial representado por Áries, é chegada a hora de se criar um porto seguro. O aspecto positivo dessa energia se relaciona à beleza e à força de equilíbrio. O aspecto de correção refere-se a um possível comportamento superficial. O taurino, muitas vezes, prefere não se aprofundar a deixar a casa cair.

A letra Vav é associada ao signo de Touro e representa o equilíbrio de nossa alma emocional.

A letra Pei representa Vênus, regente de Touro, e no corpo é relacionada à boca. A meditação nestas letras aprimora a beleza em nossa capacidade de se expressar e promove uma sensação de harmonia corporal.

Touro – Iyar

ו	פ
VAV	**PEI**

Lua Nova em:

08/04/16, 26/04/17, 15/04/18, 05/05/19, 24/03/20.

3 – GÊMEOS

Gêmeos se relaciona a uma percepção mental do mundo que jamais pode ser obtida por uma mente confusa ou agitada. Possui um aspecto muito favorável para se iniciarem novos estudos e relacionamentos. Durante este mês devemos ter uma atenção especial em manter nosso foco naquilo que desejamos, já que o geminiano se interessa facilmente pelas coisas, mas também se desinteressa com a mesma facilidade.

A letra Resh é associada a Mercúrio, regente de Gêmeos. Ela é associada à serenidade, uma vez que somente uma mente serena pode perceber o mundo à sua volta com clareza e profundidade.

A letra Zain é associada a Gêmeos e tem a propriedade de integrar os dois mundos: espiritual e físico. A meditação nestas letras ajuda a acalmar a mente e combater a estagnação.

Gêmeos – Sivan

ז ר

ZAIN RESH

Lua Nova em:

07/06/16, 26/05/17, 15/05/18, 04/06/19, 24/05/20.

4 – CÂNCER

O signo de Câncer tem forte relação com a emoção e com a família. No primeiro signo, Áries, surgiu o impulso. No segundo, Touro, a necessidade de segurança e harmonia. No terceiro, Gêmeos, a busca de estudos e relações. Neste quarto signo surge a necessidade de se criar uma estrutura familiar. O que não implica necessariamente em casamento e filhos, já que nossa verdadeira família é baseada muito mais em amor do que em laços sanguíneos. O aspecto negativo que necessita atenção se relaciona ao uso de álcool e drogas em geral que podem "parecer" facilitadores para a expressão emocional.

A letra Chet representa o signo de Câncer e indica o casamento de uma letra Vav (homem) com uma letra Zain (mulher). Observe a forma da letra Chet e verifique que ela é formada por uma letra Vav e uma letra Zain.

A letra Tav representa a Lua, planeta regente de Câncer, e significa em hebraico "sinal". E a Lua é mesmo um importante sinalizador para os movimentos das marés, para a agricultura, e também para o calendário cabalístico. A meditação nestas letras promove uma maior abertura emocional.

CÂNCER – TAMUZ

ת	ח
TAV	CHET

LUA NOVA EM:

06/07/16, 24/06/17, 13/06/18, 03/07/19, 22/06/20.

5 – LEÃO

O leonino carrega uma luz muito grande, e esse brilho costuma exercer um certo fascínio nas pessoas. Como tudo tem seu aspecto negativo, o leonino (e todos nós no mês de Leão) precisa ter atenção redobrada quanto à sua vaidade e quanto ao desejo de receber só para si.

A letra Teth está relacionada a Leão e ao ocultamento da luz como o de um novo ser na barriga da mãe. O próprio formato da letra sugere uma gravidez. O valor numérico desta letra é nove, indicando os meses de gestação.

Caf representa o Sol, regente de Leão, e está associada à capacidade de realizar nossos potenciais, energias que carregamos desde o nascimento. É importante revelar nossos talentos, não para satisfazer a vaidade, mas para compartilhar com o mundo a beleza do processo criativo, que nos torna imagem e semelhança do criador. A meditação nestas letras fortalece nossa criatividade.

Leão – Av

ט	כ
TETH	CAF

Lua Nova em:
05/08/16, 24/07/17, 13/07/18, 02/08/19, 22/07/20.

6 - VIRGEM

O sexto signo, representado por Virgem, é associado à crítica. Dentro do enfoque cabalístico, a transformação é uma outra palavra-chave, já que a crítica é algo necessário e que precede a transformação. O aspecto negativo é a crítica indiscriminada a tudo e a todos, ou seja, o próprio Lashon Hará (maledicência).

A letra Yud, associada a Virgem, é, de acordo com o Zohar, a letra com a maior concentração de energia. Ela é a única letra suspensa, vencendo a energia da gravidade e, portanto, com maior liberdade dentro do mundo físico. Por ser suspensa, ela é menos vulnerável às energias negativas, representando portanto a purificação que deveria preceder qualquer processo de transformação.

A letra Resh é associada a Mercúrio, regente de Virgem e também de Gêmeos. Ela indica a serenidade necessária para que possamos perceber o mundo à nossa volta. A meditação nestas letras promove nossa purificação.

Virgem – Elul

י	ר
YUD	**RESH**

Lua Nova em:

03/09/16, 22/08/17, 11/08/18, 31/08/19, 20/08/20.

7 – LIBRA

No calendário cabalístico, o Ano-Novo é celebrado no sétimo mês, exatamente no mês de Libra. O signo de Libra é caracterizado por seu enorme potencial de relacionamento. Os librianos costumam se relacionar de maneira muito harmônica com as pessoas.

O cuidado que deve ser tomado diante da energia de Libra é de se evitar a superficialidade, pois a facilidade para iniciar um relacionamento não é a mesma para aprofundá-lo.

Lamed é a letra correspondente a Libra e é a que mais se eleva. É associada à virtude do relacionamento interpessoal, algo que não se obtém pela leitura de livros, mas somente no contato com o outro.

A letra Pei é relacionada a Vênus, regente de Libra e de Touro, e no corpo é relacionada à boca. A meditação nestas letras aprimora, portanto, nossa capacidade de se relacionar com as pessoas.

LIBRA – TISHREI

ל פ

LAMED PEI

LUA NOVA EM:

03/10/16, 21/09/17, 19/09/18, 30/09/19, 19/09/20.

8 – ESCORPIÃO

A energia de Escorpião está associada à capacidade de transformação, mas de uma maneira diferente de Virgem. A virtude relacionada à transformação necessária de Escorpião é a humildade, um movimento interior, de abandono da vaidade, e que permite o início do movimento transformador. Esse movimento interior possui no ressentimento uma perigosa contrapartida, e deve-se atentar muito para esse sentimento durante seu período.

Fala-se muito da sexualidade relacionada a esse signo, uma vez que o ato sexual, quando realizado de maneira intensa e completa, possibilita o acesso a um tipo de energia muito elevada e transformadora.

A letra relacionada ao Escorpião é Nun, associada à humildade, e primeira ferramenta de combate ao ego. A forma da letra sugere um servo curvado com uma coroa. Eis o verdadeiro nobre. Aquele que se curva.

A letra Dalet está associada ao regente de Escorpião e também de Áries: Marte, planeta da luta e que representa o desejo de receber. A meditação nestas letras ajuda a atingirmos esta que é uma das mais importantes virtudes: a humildade.

Escorpião – Chesvan

נ ד

NUN DALET

Lua Nova em:

01/11/16, 20/10/17, 09/10/18, 29/10/19, 18/10/20.

9 – SAGITÁRIO

Sagitário é o signo da busca. Busca de conhecimentos, lugares e pessoas. Uma qualidade de energia excelente para cortar qualquer tipo de estagnação de sua vida. O perigo é se dedicar demasiadamente à busca e acabar se esquecendo de viver o presente.

A letra Samech, associada a Sagitário, fala da relação do homem com o tempo. Tem a forma de uma aliança, representando o pacto e a necessidade de se optar por estar dentro ou fora dele.

A letra Guímel é associada a Júpiter, regente de Sagitário, e representa o desejo de compartilhar. Existe um aspecto que devemos ter muita atenção em relação a Guímel. Um grande desafio: compartilhar sem necessitar qualquer reconhecimento. A meditação nestas letras favorece o entendimento dos ciclos do tempo em sua vida e corta a estagnação.

Sagitário – Kislev

ג	ס
GUÍMEL	SAMECH

Lua Nova em:

01/12/16, 19/11/17, 08/11/18, 28/11/19, 17/11/20.

10 - CAPRICÓRNIO

O signo de Capricórnio é associado ao trabalho e à realização profissional, ou seja, à necessidade de se produzir algo para a sociedade. Por ser regido pelo planeta Saturno, os movimentos dos capricornianos costumam ser firmes, mas não muito rápidos. O aspecto negativo relacionado a esse signo está no acúmulo da raiva, e devemos ter muita atenção a esse sentimento no mês.

A letra que representa Capricórnio é Ayin, que em hebraico significa "olho". É um sentido de grande poder, com grande capacidade de abrir a consciência, e é exatamente o que fazemos quando meditamos contemplando as letras. Por outro lado, é um sentido muito vulnerável à contrainteligência, já que é também pelo olhar que se ativa a cobiça.

O planeta que rege Capricórnio é Saturno, representado pela letra Beit. É essa a letra que marca o início do processo da criação, uma vez que a Torá começa com a letra Beit (Bereshit). A meditação nestas letras reforça nossa capacidade de realização.

Capricórnio - Tevet

ב	ע
BEIT	AYIN

Lua Nova em:

30/12/16, 18/12/17, 08/12/18, 28/12/19, 16/12/120.

11 – AQUÁRIO

A vibração emanada pela energia de Aquário indica a necessidade do homem de definir conceitos que estabeleçam a verdade para sua existência. O aquariano precisa ter uma verdade formulada, ainda que só ele reconheça essa verdade. Por essa razão, é muito perigoso para o aquariano viver isolado das pessoas. Porque ele precisa delas para estabelecer uma verdade mais coletiva e menos individual.

A letra relacionada a Aquário é Tsade, que significa "justiça" em hebraico. Dentro da Cabala, o justo (Tsadik) é semelhante ao iluminado no budismo ou ao santo no catolicismo.

Na astrologia cabalística, o planeta que rege Aquário é o mesmo de Capricórnio, Saturno, representado pela letra Beit, e também pela virtude da sabedoria. A meditação nestas letras potencializa a percepção da justiça em tudo o que acontece à nossa volta.

Aquário – Shevat

ב	צ
BEIT	TSADE

Lua Nova em:

11/01/16, 28/01/17, 17/01/18, 07/01/19, 27/01/20, 14/01/21.

12 - PEIXES

Peixes é o último dos signos e o que possui a maior capacidade de transcendência. A energia positiva de Kuf atinge uma imensa capacidade de alegrar as pessoas. A negativa atinge níveis acentuados de depressão.

A letra associada a Peixes é a letra Kuf. O significado dessa letra está diretamente relacionado ao significado do signo de Peixes. Aponta para uma capacidade de transcender o aparente, atingindo tanto o mundo mais elevado como o mundo inferior.

A letra Guímel é associada a Júpiter, regente de Peixes e Sagitário, e representa o desejo de compartilhar. Durante o período da Lua de Peixes devemos prestar muita atenção no quanto compartilhamos tudo aquilo que recebemos. A meditação nestas letras ajuda a despertar nossa transcendência através da saída dos limites de nosso ego.

Peixes – Adar

GUÍMEL KUF

Lua Nova em:

09/02/16, 10/03/16*, 26/02/17, 15/02/18, 05/02/19, 07/03/19*, 25/02/20, 12/02/21.

---

* Nesses anos ocorre o mês de Adar I e Adar II. (*N. do A.*)

APÊNDICE 2

Numerologia

Através desta numerologia a Bíblia pode ser toda convertida em números, e muitos e incríveis códigos são obtidos a partir desta técnica.

A NUMEROLOGIA E OS CÓDIGOS DA BÍBLIA

A ideia de que o mistério da formação da matéria pode ser codificado em letras é hoje plenamente aceita pela ciência, que se utiliza dessa tecnologia para decifrar o DNA de todos os seres vivos. Os cientistas descobriram que toda a matéria é formada por micropartículas de energia, também denominadas elementos atômicos.

Os cabalistas já diziam isso há milhares de anos, e dividiam essas partículas em 22 grupos, representados pelas 22 letras do alfabeto hebraico. Essas letras são um grande pilar do conhecimento da Cabala. Ao conhecê-las profundamente, desvendamos importantes códigos de nosso universo.

Na língua hebraica toda letra é associada a um número. Sendo assim, toda palavra possui um peso, um valor numérico. Esta técnica, amplamente utilizada pelos cabalistas, é chamada guematria. Um tipo de numerologia muito profunda e que revela os profundos segredos ocultos por trás de cada palavra.

Através dessa numerologia a Bíblia pode ser toda convertida em números, e muitos e incríveis códigos são obtidos a partir dessa técnica.

LETRA	FORMA	VALOR
Alef	א	1
Beit	ב	2
Guímel	ג	3
Dalet	ד	4
Hei	ה	5
Vav	ו	6
Zain	ז	7
Chet	ח	8
Teth	ט	9
Yud	י	10
Caf	כ	20

LETRA	FORMA	VALOR
Lamed	ל	30
Mem	מ	40
Nun	נ	50
Samech	ס	60
Ayin	ע	70
Pei	פ	80
Tsade	צ	90
Kuf	ק	100
Resh	ר	200
Shin	ש	300
Tav	ת	400

A tabela acima contém as 22 letras hebraicas e seus respectivos valores numéricos. A partir deles toda palavra pode ser convertida em números.

E como funcionaria isso na prática? Vamos exemplificar utilizando a palavra Amém, sagrada confirmação empregada ao final das orações em diversas religiões e que contém um código profundo e nada aparente, obtido através de sua numerologia.

Amém: אמן = Alef(1)+Mem(40)+Nun sofit(50)=91.

Somando as três letras que formam a palavra Amém, de acordo com seus valores numéricos (o Nun sofit é uma variação da letra Nun), obtemos o valor 91. O mesmo valor será obtido quando somarmos as letras do nome de Deus no mundo físico (Adonai) com o nome de Deus no mundo infinito (Tetragrama). Este último aparece diversas vezes no texto bíblico, tendo sido revelado há mais de três mil anos.

Nome de Deus no mundo infinito (Tetragrama):

Tetragrama: יהוה = Yud(10)+Hei(5)+Vav(6)+Hei(5)=26.

Nome de Deus no mundo físico (Adonai):

Adonai: אדני = Alef(1)+Dalet(4)+Nun(50)+Yud(10)=65.

Perceba que somando os valores guemátricos dos dois nomes de Deus obtemos o mesmo valor da palavra Amém.

Tetragrama (26)+Adonai(65)=Amém(91)

Essa é a razão pela qual a palavra Amém carrega um alto valor energético, com poder para elevar nossas orações do mundo físico ao mundo infinito. Existem muitas codificações como essa em todo o texto da Bíblia que, se somadas aos demais ensinamentos cabalísticos, nos permitem entender um significado muito além do aparente no texto.

Apêndice 3

Os 72 nomes de Deus

A meditação dos 72 nomes de Deus auxilia em nossa libertação de um mundo escravo e limitado pelo aparente.

Explicaremos aqui como foram obtidos esses 72 nomes e como cada um deles possui uma diferente qualidade de energia, apresentando também um breve resumo do significado de cada um desses nomes sagrados.

O PROCESSO DE FORMAÇÃO DOS 72 NOMES

A meditação dos 72 nomes de Deus é derivada do texto bíblico que narra a saída de Moisés e seu povo do Egito, mais precisamente do processo pelo qual foi conseguido o milagre da "abertura do mar".

כהת	אכא	ללה	מהש	עלם	סיט	ילי	והו
הקם	הרי	מבה	יזל	ההע	לאו	אלד	הזי
חהו	מלה	ייי	נלך	פהל	לוו	כלי	לאו
ושש	לכב	אום	ריי	שאה	ירת	האא	נתה
ייז	רהע	חעם	אני	מנד	כוק	להח	יחו
מיה	עשל	ערי	סאל	ילה	וול	מיכ	ההה
פוי	מבה	נית	ננא	עמם	החש	דני	והו
מחי	ענו	יהה	ומב	מצר	הרח	ייל	נמם
מום	היי	יבמ	ראה	חבו	איע	מנק	דמב

A tabela dos 72 nomes foi obtida pela permutação de três parágrafos desta passagem e foi a ferramenta utilizada por Moisés para realizar aquele que teria sido o maior milagre já observado na história da humanidade. Existem muitos códigos subliminares que fogem do texto bíblico literal e que foram explicados na quinta parte deste livro.

A seguir são listados estes três parágrafos do trecho bíblico original.

1º Parágrafo:

וַיִּסַּ֞ע מַלְאַ֣ךְ הָֽאֱלֹהִ֗ים הַהֹלֵךְ֙ לִפְנֵי֙ מַחֲנֵ֣ה יִשְׂרָאֵ֔ל
וַיֵּ֖לֶךְ מֵאַחֲרֵיהֶ֑ם וַיִּסַּ֞ע עַמּ֤וּד הֶֽעָנָן֙ מִפְּנֵיהֶ֔ם וַֽיַּעֲמֹ֖ד
מֵאַחֲרֵיהֶֽם׃

2º Parágrafo:

וַיָּבֹ֞א בֵּ֣ין ׀ מַחֲנֵ֣ה מִצְרַ֗יִם וּבֵין֙ מַחֲנֵ֣ה יִשְׂרָאֵ֔ל וַיְהִ֤י
הֶֽעָנָן֙ וְהַחֹ֔שֶׁךְ וַיָּ֖אֶר אֶת־הַלָּ֑יְלָה וְלֹֽא־קָרַ֥ב זֶ֛ה אֶל־זֶ֖ה
כָּל־הַלָּֽיְלָה׃

3º Parágrafo:

וַיֵּ֨ט מֹשֶׁ֣ה אֶת־יָדוֹ֮ עַל־הַיָּם֒ וַיּ֣וֹלֶךְ יְהוָ֣ה ׀ אֶת־הַ֠יָּם
בְּר֨וּחַ קָדִ֤ים עַזָּה֙ כָּל־הַלַּ֔יְלָה וַיָּ֥שֶׂם אֶת־הַיָּ֖ם לֶחָרָבָ֑ה
וַיִּבָּקְע֖וּ הַמָּֽיִם׃

É interessante observar que cada um desses três parágrafos possui exatamente 72 letras. Muito mais do que o texto literal, eles contêm uma poderosa fórmula com o poder de realizar um grande milagre também em nossas vidas. Um milagre chamado libertação.

Cada um dos 72 nomes é obtido da seguinte forma:

1ª) 1ª letra do 1º parágrafo (ו) +
72ª letra do 2º parágrafo (ה) +
1ª letra do 3º parágrafo (ו).

O resultado consiste na sequência והו.

2ª) 2ª letra do 1º parágrafo (י) +
71ª letra do 2º parágrafo (ל) +
2ª letra do 3º parágrafo (י).

O resultado consiste na sequência ילי.

3ª) 3ª letra do 1º parágrafo (ס) +
70ª letra do 2º parágrafo (י) +
3ª letra do 3º parágrafo (ט).

O resultado consiste na sequência סיט.

A mesma fórmula é repetida 72 vezes, até que será formado o quadro completo dos 72 nomes de Deus. Para entender o processo pelo qual as 72 sequências foram obtidas é necessário que você fique atento ao fato de que, na língua hebraica, os textos são lidos da direita para a esquerda.

Nas próximas páginas apresentaremos de forma resumida o significado de cada um dos 72 nomes sagrados.

SQ	Nome	Medita-se na sequência para
01	והו	Elevar-se mesmo nos momentos mais difíceis.
02	ילי	Vencer as energias de conflito em relacionamentos. Convocar a força da luz.
03	סיט	Criar um escudo de proteção em qualquer situação.
04	עלם	Eliminar os pensamentos negativos.
05	מהש	Atrair a cura e a saúde.
06	ללה	Criar comunicação com os mestres, também através dos sonhos.
07	אכא	Descobrir os mistérios do universo. Criar proteção ao mundo material.
08	כהת	Afastar as energias negativas. Aliviar a pressão do ego.
09	הזי	Despertar alegria e misericórdia.
10	אלד	Remover o olhar negativo. Proteção o sono.
11	לאו	Superar as energias negativas através da lapidação do receptor
12	ההע	Atrair energia de amor e afeto.
13	יזל	Enxergar a beleza e a harmonia em tudo à sua volta.

SQ	Nome	Medita-se na sequência para
14	מבה	Combater a guerra que se dá fora e dentro de nós.
15	הרי	Evocar a visão criativa.
16	הקם	Trazer coragem para enfrentar um problema.
17	לאו	Combater as perturbações emocionais.
18	כלי	Sintonizar nosso receptor com a verdade. Fertilidade.
19	לוו	Ajudar na concentração para as orações e os estudos.
20	פהל	Afastar os vícios e despertar o melhor de nós.
21	נלך	Combater as catástrofes. Buscar as influências astrológicas mais positivas.
22	ייי	Conectar com os mestres da tradição. Atrair companhias construtivas.
23	מלה	Obter proteção em viagens.
24	חהו	Afastar a violência e a inveja.
25	נתה	Evocar as energias dos anjos.
26	האא	Trazer a ordem.
27	ירת	Fortalecer nosso parceiro inseparável e desarticular o ego.
28	שאה	Atrair bons parceiros nos relacionamentos. Prudência.

SQ	Nome	Medita-se na sequência para
29	ריי	Criar o estado meditativo e combater a reatividade.
30	אום	Trazer esperança nos momentos de maior desespero.
31	לכב	Adquirir coragem e permanência no caminho.
32	ושר	Romper com os ciclos de repetição. Trazer a justiça.
33	יחו	Combater os núcleos sombrios.
34	להח	Pacificar os relacionamentos.
35	כוק	Harmonizar as energias sexuais.
36	מנד	Romper com os espaços destrutivos.
37	אני	Conectar com nosso eu verdadeiro, com a essência de luz.
38	חעם	Eliminar o desejo de receber só para si.
39	רהע	Obter proteção contra os ataques e percepção da totalidade.
40	ייז	Injetar alegria e fortalecer a palavra positiva. Combater o pânico.
41	ההה	Equilibrar os três pilares da árvore da vida.
42	מיכ	Perceber a semente por trás de cada situação.

SQ	Nome	Medita-se na sequência para
43	וול	Colocar o poder do espírito acima da matéria. Combater os vícios.
44	ילה	Tornar os julgamentos mais brandos.
45	סאל	Atrair prosperidade.
46	ערי	Eliminar a dúvida.
47	עשל	Revelar a divindade do mundo.
48	מיה	Observar além das cascas.
49	והו	Remover o sofrimento.
50	דני	Trazer a consciência na luz do mundo infinito.
51	החש	Remover a culpa, pela consciência e pelo arrependimento.
52	עמם	Combater o inimigo interno.
53	ננא	Estimular a criatividade. Sem a interferência do ego.
54	נית	Afastar o anjo da morte.
55	מבה	Realizar nossos maiores propósitos. Fertilidade.
56	פוי	Eliminar a idolatria, incluindo sentimentos negativos, como raiva e inveja.
57	נמם	Purificar a alma e combater os vícios.
58	ייל	Superar a tristeza e lhe permitir seguir adiante. Remover as cascas.

SQ	Nome	Medita-se na sequência para
59	הרח	Reconectar-se com a fonte de luz.
60	מצר	Trazer força para atravessar o deserto.
61	ומב	Atrair os bons relacionamentos.
62	יהה	Resgatar nossa gratidão.
63	ענו	Fortalecer a mais importante das virtudes: a humildade.
64	מחי	Enxergar o mais positivo de nós mesmos.
65	דמב	Diminuir a confusão mental, através da disciplina.
66	מנק	Curar doenças aparentemente incuráveis.
67	איע	Atingir a imortalidade através da presença no momento.
68	חבו	Integrar a sexualidade e o afetivo. Conexão com as almas dos justos.
69	ראה	Abrir a visão espiritual. Encontrar objetos perdidos.
70	יבמ	Promover a ordem no mundo material.
71	היי	Enxergar as dez dimensões.
72	מומ	Purificar as três expressões da alma: a palavra, o pensamento e a ação.

Bibliografia

A psicologia dos justos. Santa Cecília: Sêfer, 2003.

ARROYO, Stephen. *Astrologia, psicologia e os quatro elementos*. São Paulo: Pensamento, 1991.

BARYLKO, Jayme. *Luz da Cabaláh*. Recife: Exodus, 1999.

BEREZIN, Rifka. *Iniciação ao hebraico*. São Paulo: Humanitas FFLCH/USP, 2000.

BERG, Rabi Yehuda. *O poder da Cabala*. Rio de Janeiro: Imago, 2001.

BONDER, Nilton. *O segredo judaico de resolução de problemas*. Rio de Janeiro: Imago, 1995.

DAHLE, Rüdiger; DETHLEFSEN, Thorwald. *A doença como caminho*. São Paulo: Cultrix, 1983.

EPSTEIN, Perle. *Cabala: o caminho da mística judaica*. São Paulo: Pensamento, 1978.

GLEISER, Marcelo. *Retalhos cósmicos*. São Paulo: Cia. das Letras, 1999.

GOLEMAN, Daniel. *A mente meditativa*. São Paulo: Ática, 1988.

GRYLAK, Moshe. *Reflexões sobre a Torá*. Santa Cecília: Sêfer, 1988.

GURDJIEFF, G. I. *Gurdjieff fala a seus alunos*. São Paulo: Pensamento, 1973.

______. *Encontros com homens notáveis*. São Paulo: Pensamento, 2011.

HASTINGS, Selina. *Bíblia ilustrada*. São Paulo: Ática, 1994.

HESCHEL, Abraham Joshua. *O Schabat* (1951). São Paulo: Perspectiva, 2000.

IOCHAI, Rabi Shimon Bar. *Zohar*. Copyright de Wal Cortinhas 5764-2004.

KAPLAN, Arich. *Sêfer Ietsirá: o livro da criação*. Santa Cecília: Sêfer, 1990.

______. *The Bahir Illumination*. Cape Neddick: Weiser Books, 1998.

LUZZATTO, Moshe Chain. *O caminho dos justos*. Santa Cecília: Sêfer, 1996.

MECLER, Ian. *A Cabala e a arte de ser feliz*. Rio de Janeiro: Sextante, 2006.

______. *A força: o poder dos Anjos da Cabala*. Rio de Janeiro: Record, 2009.

______. *As dez leis da realização*. Rio de Janeiro: Record, 2009.

______. *Aqui, agora: o encontro de Jesus, Moisés e Buda*. Rio de Janeiro: Record, 2010.

MELAMED, Meir Matzliah. *Torá: a lei de Moisés*. Santa Cecília: Sêfer. S/d.

MICHAAN, Rabino Isaac. *Palavras do coração*. São Paulo: Colel, 1996.

OSHO. *Nem água, nem lua*. São Paulo: Pensamento, 1975.

______. *O livro do homem*. São Paulo: Ícone, 1997.

______. *O livro Orange*. São Paulo: Cultrix, 1980.

______. *The Book of Wisdom*, 19. Berkeley: Pub Group West, 2009.

OUSPENSKY, P. D. *Fragmentos de um ensinamento desconhecido*. São Paulo: Pensamento, 1995.

PACUDA, Bachia Ibn. *Os deveres do coração*. Santa Cecília: Sêfer, 1996.

RIBEIRO, Anna Maria da Costa. *Conhecimentos de astrologia*. Rio de Janeiro: Hipocampo, 1986.

WOLF, Rabino Laibl. *Cabala prática*. São Paulo: Maayanot, s/d.

YOGANANDA, Paramahansa. *Autobiografia de um iogue.* Rio de Janeiro: Lótus do Saber, 1999.

ZUKERWAR, Chaim David. *As três dimensões da kabala.* Santa Cecília: Sêfer, 1997.

ZYLBERSZTAJN, Abram. *As melhores piadas do humor judaico.* Rio de Janeiro: Garamond, 2001.

ATENDIMENTO AO LEITOR E VENDAS DIRETAS

Você pode adquirir os títulos da Viva Livros por meio do Marketing Direto do Grupo Editorial Record.

- Telefone: (21) 2585-2002
  (de segunda a sexta-feira, das 9h às 18h)
- E-mail: sac@record.com.br
- Fax: (21) 2585-2010

Entre em contato conosco caso tenha alguma dúvida, precise de informações ou queira se cadastrar para receber nossos informativos de lançamentos e promoções.

Nossos sites:
www.vivalivros.com.br
www.record.com.br

EDIÇÕES VIVA LIVROS

Alguns títulos publicados

Terapia de vidas passadas, Célia Resende
151 dicas essenciais para lidar com pessoas difíceis, Carrie Mason-Draffen
151 dicas essenciais para reconhecer e recompensar colaboradores, Ken Lloyd
101 coisas que não me contaram antes do casamento, Linda e Charlie Bloom
Autoestima, Christophe André e François Lelord
Reiki para todos, Oriel Abarca e Roberto King
Codependência nunca mais, Melody Beattie
Para além da condependência, Melody Beattie
Não se deixe manipular pelos outros, Wayne W. Dyer
O poder do subconsciente, Joseph Murphy
A força do poder da fé, Joseph Murphy
Telepesiquismo, Joseph Murphy
Como atrair dinheiro, Joseph Murphy
Ame-se e cure sua vida, Louise L. Hay
Seus pontos fracos, Dr. Wayne Dyer
Saúde perfeita, Deepak Chopra
Simpatias da Eufrázia, Nenzinha Machado Salles
Deus investe em você e Dê uma chance a Deus, Hermógenes
A chave mestra das riquezas, Napoleon Hill
QS: Inteligência espiritual, Danah Zohar e Ian Marshall
Faça sua vida valer a pena, Emmet Fox
Cuidando do corpo, curando a mente, Joan Borysenko
A mágica de pensar grande, David J. Schwartz
Dicionário de sonhos para o século XXI, Zolar
Nascido para amar, Leo Buscaglia
Vivendo, amando e aprendendo, Leo Buscaglia
Passos de gigante, Anthony Robbins
Não diga sim quando quer dizer não, Herbert Fensterheim

Este livro foi composto na tipologia Minion Pro Regular, em corpo 10,5/13, e impresso em papel off-set 56g/m² no Sistema Cameron da Divisão Gráfica da Distribuidora Record.